LE MEILLEUR PATISSIER

CHELSEA

ses meilleures recettes

M6 ÉDITIONS

LE MEILLEUR
PATISSIER

LE MEILLEUR PATISSIER

PRÉFACE
du jury

Cette année encore, j'ai été épaté par les candidats. Tous ont démontré leur talent, leur envie et leur créativité. Il y avait une belle énergie. Quel plaisir de vivre ces bons moments et de pouvoir transmettre, partager et, tout simplement, échanger avec des pâtissiers dans l'âme.

Je suis très fier de notre gagnante. Chelsea a fait preuve d'audace. Cette Australienne n'a pas hésité à se lancer dans un concours français. Elle a fait preuve d'une grande adaptabilité et a su nous impressionner par ses techniques, parfois venues de l'autre bout du monde, et ses connaissances. J'ai eu beaucoup de plaisir et d'émotions à goûter ses créations. Grâce à elle, j'ai pu voyager le temps d'une dégustation.

Merci pour le voyage, Chelsea ! Et belle route dans la pâtisserie !

CYRIL LIGNAC

Chelsea est une délicieuse jeune femme, douce, sensible et douée, pleine de fraîcheur. Elle nous a entraînés dans son univers et nous a fait découvrir des recettes excellentes et peu connues ici en France. Elle nous a fait voyager avec beaucoup d'émotion ; bref, elle nous a touchés.

Comment ne pas être séduit par son élégance, son sourire, sa bonne humeur constante, sa gentillesse avec les autres participants, sa volonté de réussir, sans oublier son irrésistible et charmant accent ?

Elle méritait de gagner et je sais que, tout comme nous, les téléspectateurs l'ont adorée !

MERCOTTE

ÉDITO
de Chelsea

La pâtisserie ne m'est pas venue naturellement. Je ne suis pas issue d'une famille de pâtissiers talentueux, et ce n'est certainement pas un talent qui se transmet de génération en génération. Comme la plupart des Australiens de mon âge, j'ai grandi avec des gâteaux au chocolat instantanés, des tourtes surgelées, des glaces et des gelées. Je frissonne encore quand je repense à la mousse au chocolat instantanée de ma mère, dans laquelle il fallait simplement ajouter de l'eau. Ce n'est pas la faute de mes parents. On cuisinait ainsi en Australie à cette époque !

À bien des égards, je suis reconnaissante envers ma famille de ce manque de culture culinaire. À 12 ans, en adolescente typique, un de mes passe-temps favoris était de prouver à ma mère qu'elle avait tort. À ce titre, je me souviens du jour où j'ai voulu à tout prix faire une tarte au citron meringuée et que ma mère ne cessait de me répéter que c'était trop difficile. Ce jour-là, j'ai eu la permission de rester seule à la maison, et dès que j'ai pu, je me suis dirigée vers la cuisine avec la recette de ladite tarte. À leur retour, mes parents étaient bluffés en découvrant ma tarte au citron parfaitement réussie. Leurs mots d'encouragement et de félicitation ont définitivement été une source de motivation pour moi. Et, la semaine suivante, j'ai appris à ma mère à en faire une.

Cette tarte au citron meringuée a été pour moi le commencement d'une longue et profonde relation avec la pâtisserie. Lorsque je vivais en Australie, la pâtisserie était pour moi un moyen d'exprimer ma créativité et de cuisiner de bonnes choses. Mais depuis que je vis à Paris, c'est devenu bien plus ! En effet, la pâtisserie m'a aidée à trouver ma place dans la société française. Je me souviens qu'après de longues journées passées à essayer de parler français dans un travail qui ne me passionnait pas, tout en étant éloignée de mes amis et de ma famille, créer des pâtisseries était pour moi une échappatoire, une façon de me sentir mieux. Ainsi, je me prouvais que j'étais toujours capable de réussir quelque chose, alors que tout le reste n'était que lutte.

Ma vie à Paris est désormais plus facile et mon français s'est amélioré. La pâtisserie est devenue pour moi un moyen de me rapprocher des autres et de me lier d'amitié avec les Français. Je pense vraiment que la meilleure façon de conquérir leur cœur, c'est de les tenter avec la gourmandise !

Aujourd'hui, la pâtisserie représente ma vie, mon travail, ma passion et la meilleure façon de partager des instants privilégiés avec ceux qui me sont chers. Je me sens particulièrement chanceuse de vivre ma passion et je suis vraiment honorée de pouvoir la partager avec vous au travers de ces recettes.

En espérant que vous prendrez autant de plaisir à réaliser et à déguster ces recettes que j'en ai eu à les créer et à les tester !

SOMMAIRE

MON BRUNCH *sucré*

MES SPÉCIALITÉS *aussies*

MES FABULOUS cakes

MES DESSERTS frenchies

MON BRUNCH *sucré*

BRIOCHE CARAMÉLISÉE
aux nectarines rôties et crème pâtissière

POUR 6 PERSONNES – PRÉPARATION : 45 MIN – CUISSON : 30 MIN – RÉFRIGÉRATION : 2 H MINIMUM, IDÉAL 1 NUIT

Pour la brioche caramélisée
6 tranches de brioche de 2 cm d'épaisseur
400 g de crème entière
100 g de lait
50 g de jaunes d'œufs
75 g de sucre
1 gousse de vanille
30 g de beurre
4 c. à s. de cassonade

Pour la crème pâtissière
195 ml de lait
90 g de crème
75 g de sucre
4 jaunes d'œufs
25 g de Maïzena®
45 g de beurre
1 pincée de sel
1 gousse de vanille

Pour les nectarines rôties
4 nectarines
3 c. à s. de miel
50 g de noix hachées
200 g de yaourt vanillé

LA BRIOCHE CARAMÉLISÉE

Dans un grand récipient, fouettez le lait, la crème, les jaunes d'œufs, le sucre et la vanille. Mixez le tout. Versez ce mélange dans un plat au fond assez large. Coupez chaque tranche de brioche en 2 rectangles, en ne prenant que la mie. Faites tremper les brioches dans cette préparation. Réservez le tout au frais une nuit ou au moins 2 heures. Retournez plusieurs fois les brioches pendant cette période.

Préchauffez le four à 180 °C.

Dans une poêle, faites fondre le beurre. Saupoudrez de cassonade et laissez caraméliser quelques minutes. Mettez les brioches dans la poêle et laissez cuire environ 1 minute jusqu'à ce qu'elles soient bien dorées. Procédez de la même manière pour l'autre face. Déposez les brioches sur une plaque recouverte de papier cuisson et enfournez pour 10 minutes.

LA CRÈME PÂTISSIÈRE

Portez à ébullition le lait, la crème, une moitié du sucre, les graines de la vanille et le sel. Blanchissez les jaunes d'œufs, le sucre restant et la Maïzena®. Verser 1/3 du liquide chaud sur la préparation. Mélangez bien, puis remettez le tout dans la casserole. Faites cuire à feu vif tout en remuant énergiquement jusqu'à ce que la crème épaississe. À la première ébullition, comptez 90 secondes de cuisson. Ajoutez le beurre et laissez refroidir au réfrigérateur.

LES NECTARINES RÔTIES

Préchauffez le four à 160 °C.

Coupez les nectarines en 4 et mettez-les sur une plaque de cuisson. Ajoutez le miel et les noix. Enfournez pour 20 minutes jusqu'à ce qu'elles soient bien tendres. Servez les rectangles de brioches avec quelques morceaux de nectarine et du yaourt.

OVERNIGHT OATS
(myrtilles, noix de pécan et figue)

POUR 2 PERSONNES - PRÉPARATION : 15 MIN - REPOS : 20 MIN - RÉFRIGÉRATION : SI POSSIBLE 1 NUIT

Pour le smoothie
300 g de myrtilles fraîches ou congelées
2 c. à s. de sirop d'érable
1 c. à c. de jus de citron
250 ml de lait d'amande
100 g de flocons d'avoine
1 gousse de vanille
2 c. à s. d'un assortiment de graines (ex : graines de lin ou de chanvre)
1/4 c. à c. de cannelle moulue
50 g de noix de pécan hachées
3 figues

Pour le dressage
Quelques figues, myrtilles et noix de pécan

LE SMOOTHIE

Dans une casserole, faites chauffer les myrtilles et le sirop d'érable. Lorsque les myrtilles sont légèrement cuites, stoppez le feu et ajoutez le jus de citron. Laissez refroidir. Taillez les figues en tranches fines et chemisez les parois de deux verres avec les tranches. Dans un bol, mélangez les ingrédients restant sauf les myrtilles. Laissez épaissir pendant environ 20 minutes.

LE DRESSAGE

Dans chaque verre, déposez une couche de myrtilles au fond, puis une couche du mélange à l'avoine. Répétez ces étapes jusqu'à ce que les verres soient remplis. Décorez avec des myrtilles fraîches, des figues et des noix de pécan. Laissez reposer au frais pour quelques heures ou, idéalement, préparez-les la veille et dégustez-les le lendemain.

En Australie, nous aimons jouer avec des recettes classiques en leur ajoutant une petite touche créative. Ainsi, le cronut combine deux classiques que sont le beignet et le croissant. Le résultat donne une pâtisserie recouverte de sucre croustillant à l'intérieur de laquelle on découvre de délicates couches de pâte beurrées. Même si cette douceur a été inventée en Amérique, elle a rapidement été adoptée en Australie, et est maintenant disponible dans une large gamme de saveurs.

CRONUTS
d'Australie

POUR 8 CRONUTS – PRÉPARATION : 1 H – CUISSON : 30 MIN – REPOS : 4 H – RÉFRIGÉRATION : 1 NUIT

Pour la pâte
250 g de farine T55
70 g d'eau
70 g de lait
22 g de sucre
20 g de beurre doux, à température ambiante
6 g de levure boulangère instantanée
6 g de sel

Pour le tourage
140 g de beurre doux, froid

Pour le façonnage
Huile de friture
300 g de sucre
2 c. à s. de cannelle

LA PÂTE

Dans un robot équipé d'un crochet, mettez la farine, le sel, le sucre et la levure puis mélangez. Ajoutez le beurre, le lait et l'eau. Pétrissez pendant 3 minutes. Formez une boule et mettez-la dans un saladier. Couvrez la pâte et laissez-la reposer au réfrigérateur au moins 2 heures ou, au mieux, pendant toute une nuit. Pendant ce temps, coupez le beurre en petits morceaux. Sur une feuille de papier cuisson, étalez le beurre pour lui donner la forme d'un rectangle d'environ 15 x 20 cm. Placez le rectangle de beurre au réfrigérateur.

LE TOURAGE

Le lendemain, sortez la pâte du réfrigérateur. Étalez-la sur le plan de travail légèrement fariné et formez un rectangle d'environ 60 x 20 cm. Positionnez le rectangle de beurre au centre de la pâte. Pliez le tiers inférieur de la pâte vers le haut, rabattez dessus le tiers supérieur. Faites pivoter la pâte de 45° puis étalez avec un rouleau en allant droit devant vous. Renouvelez l'opération de pliage et de roulage. Mettez au congélateur pendant 15 minutes. Sortez la pâte du congélateur et renouvelez cette opération 3 fois, en laissant reposer 15 minutes au congélateur à chaque fois.

LE FAÇONNAGE

Étalez la pâte sur une épaisseur d'1 cm environ sur toute sa surface. Avec un emporte-pièce de 6 à 8 cm de diamètre, détaillez plusieurs disques et avec un emporte-pièce de 2 cm, détaillez un disque au centre de chacun d'entre eux. Retirez l'excédent de pâte et le centre de chaque disque pour obtenir la forme d'un donut. Mettez chaque cronut sur une feuille de papier cuisson. Laissez-les gonfler 2 heures à température ambiante ou 30 minutes dans un four préchauffé à 30 °C.
Dans une casserole, faites chauffer l'huile à 175 °C. Mettez 1 ou 2 cronuts à la fois dans l'huile chaude et faites-les frire 90 secondes sur chaque face. Laissez-les reposer quelques minutes sur du papier absorbant.
Dans un bol, mélangez le sucre et la cannelle et roulez chaque cronut dans ce mélange. Laissez refroidir et dégustez.

CRONUTS

au caramel & beurre salé

POUR 8 CRONUTS – PRÉPARATION : 1 H – CUISSON : 30 MIN – REPOS : 4 H – RÉFRIGÉRATION : 1 NUIT

8 cronuts (suivez la recette précédente)

Pour le crémeux au caramel et le beurre salé

100 g de sucre
265 g de lait entier
2 jaunes d'œufs (40 g)
20 g de Maïzena®
140 g de beurre doux
1/2 c. à c. de fleur de sel

Pour le praliné aux cacahuètes

115 g de cacahuètes grillées et salées
95 g de sucre

Pour le fondant

300 g de fondant blanc
1 pincée de colorant caramel
30 g d'eau
20 g de cassonade

LE CRÉMEUX AU CARAMEL ET LE BEURRE SALÉ

Dans un saladier, mélangez les jaunes d'œufs, 15 g de sucre et la Maïzena®. Faites chauffer le lait. Versez le sucre restant dans une casserole et faites-le cuire jusqu'à ce qu'il caramélise. Le caramel est cuit lorsqu'une mousse se forme sur le bord de la casserole et qu'il fume. À cette étape, il est à environ 170 °C. Ajoutez le lait chaud, puis versez l'ensemble dans le saladier et mélangez. Replacez le tout sur le feu dans la casserole jusqu'à ébullition. Laissez ensuite refroidir jusqu'à 50 °C. Ajoutez le sel et mixez au mixeur plongeant en ajoutant petit à petit le beurre. Mettez le mélange caramel dans une poche à douille avec une douille de 6 cm de diamètre et réservez au moins 15 minutes au réfrigérateur. Sortez le caramel du réfrigérateur. Insérez la douille dans la base de chaque cronut et remplissez-les avec le crémeux au caramel. Réservez.

LE PRALINÉ AUX CACAHUÈTES

Mélangez continuellement les cacahuètes et le sucre à feu moyen/fort pendant environ 15 minutes. Le sucre va cristalliser, mais c'est normal. Continuez de remuer. Une fois que tout le sucre a fondu et que les cacahuètes sont enrobées d'un joli caramel foncé, placez-les sur du papier cuisson et laissez-les refroidir. Cassez le praliné en petits morceaux et réservez.

LE FONDANT

Dans une casserole, portez la cassonade et l'eau à ébullition. Lorsque le sucre est dissous, versez le liquide dans un bol et laissez refroidir jusqu'à 30 °C. Il est important que le sirop reste à 30 °C exactement, ni plus froid ni plus chaud.

Au bain-marie, chauffez doucement le fondant et le colorant en mélangeant sans cesse. Lorsque le fondant atteint 35 °C, retirez le saladier du bain-marie et ajoutez 1 cuillerée à soupe de sirop. Mélangez bien. Continuez de verser le sirop jusqu'à l'obtention d'une consistance lisse comme du miel. Utilisez une spatule pour former un cercle de fondant sur le dessus de chaque cronut. Décorez-les avec quelques morceaux de praliné aux cacahuètes et dégustez.

GAUFRES
au chocolat

POUR 4 PERSONNES – PRÉPARATION : 30 MIN – CUISSON : 4 MIN

Pour les gaufres au chocolat
110 g de farine
50 g de chocolat noir
125 g de lait entier
1 gousse de vanille
50 g de sucre
130 g de beurre
1 pincée de sel
3 blancs d'œufs

Pour la sauce au chocolat
90 g de chocolat à 60 % de cacao
180 g de lait entier

Pour la chantilly
200 g de crème entière 35 % de MG
40 g de sucre glace
1 pincée de fève de tonka râpée

Pour le dressage
200 g de framboises
30 g de framboises lyophilisées (facultatif)
Des fleurs comestibles (facultatif)

LES GAUFRES AU CHOCOLAT

Hachez le chocolat et faites-le fondre doucement au bain-marie ou au micro-ondes. Dans une casserole, faites chauffer le lait, la vanille, le beurre, le sucre et le sel. Ajoutez ce mélange au chocolat fondu en 3 fois en remuant vivement. Tamisez la farine dans un saladier, puis versez le mélange sur la farine. Mélangez bien. Dans un robot ou à l'aide d'un mixeur électrique, montez les blancs en neige (jusqu'à ce que les blancs restent accrochés au fouet). À l'aide d'une maryse, incorporez-les au mélange chocolat/farine.

Faites chauffer le gaufrier. Lorsqu'il est bien chaud, versez une belle cuillerée à soupe de la préparation à gaufres dans les alvéoles. Laissez cuire environ 4 minutes puis retirez les gaufres et laissez-les refroidir.

LA SAUCE AU CHOCOLAT

Hachez le chocolat et faites-le fondre doucement au bain-marie ou au micro-ondes. Dans une casserole, faites chauffer le lait à 60 °C. Versez lentement 1/3 du lait sur le chocolat. Avec une maryse, mélangez énergiquement. Répétez cette opération jusqu'à ce que vous ayez incorporé tout le lait. Servez le chocolat à environ 35 °C.

LA CHANTILLY

Fouettez la crème énergiquement à la main ou dans un robot. Lorsqu'elle commence à épaissir, ajoutez petit à petit le sucre glace. Continuez à fouetter pour obtenir la consistance d'une chantilly. Ajoutez le tonka râpé.

LE DRESSAGE

Déposez 2 ou 3 gaufres par assiette. Ajoutez 1 grosse cuillerée de chantilly et versez dessus de la sauce au chocolat. Décorez de framboises fraîches et lyophilisées, puis de fleurs comestibles.

GREEN
smoothie bowl

POUR 2 PERSONNES - PRÉPARATION : 20 MIN - CUISSON : 50 MIN

Pour le granola croustillant
120 g de flocons d'avoine
30 g de noix de coco râpée
15 ml d'huile d'olive
50 g de noisettes
80 g de miel
1 blanc d'œuf
1 pincée de cannelle

Pour le smoothie
300 g d'ananas coupé en dés
2 kiwis épluchés
1 banane
40 g de pousses d'épinard
2 c. à s. d'huile de noix de coco
1/2 avocat
Le jus d'1/2 citron vert

Pour la décoration
3 fruits de la passion
100 g de framboises
1 citron vert
Des fleurs comestibles

LE GRANOLA CROUSTILLANT

Préchauffez le four à 160 °C.

Dans un saladier, versez tous les ingrédients et mélangez bien. Recouvrez une plaque de cuisson de papier sulfurisé et versez la préparation dessus. Enfournez pour 50 minutes et mélangez 1 fois à mi-cuisson mais ne brisez pas tous les morceaux. Au sortir du four, le granola n'est pas encore croustillant mais il le deviendra en refroidissant.

LE SMOOTHIE

Placez tous les ingrédients dans un mixeur. Mixez pendant quelques minutes jusqu'à l'obtention d'un smoothie bien homogène. Répartissez le smoothie entre 2 bols.

LA DÉCORATION

Coupez les fruits de la passion en deux. Taillez le citron vert en tranches très fines.

Déposez une poignée de granola sur une moitié du bol. Décorez avec les fruits et les fleurs. Dégustez tout de suite.

SMOOTHIE BOWL
(chocolat, framboises et noix de coco)

POUR 2 PERSONNES – PRÉPARATION : 15 MIN

Pour le smoothie
300 g de framboises congelées
2 c. à s. d'huile de noix de coco
10 dattes dénoyautées
150 ml de lait de coco
100 ml d'eau de noix de coco
3 c. à s. de noix de coco râpées
80 g de chocolat noir

Pour la décoration
100 g de yaourt nature
100 g de purée de framboises
Quelques mûres, framboises, fraises ou myrtilles
Quelques feuilles de menthe et des fleurs comestibles

LE SMOOTHIE

Mixez tous les ingrédients. Lorsque le mélange est lisse, versez le smoothie dans les bols.

LA DÉCORATION

Mettez le yaourt nature dans une poche à douille et pochez des anneaux concentriques à la surface des bols en commençant par le plus petit. Laissez environ 1 cm entre chaque anneau. Faites de même avec la purée de framboises pour remplir les interstices libres. Utilisez un cure-dents pour dessiner le motif sur le smoothie. Enfin, décorez avec des fruits frais, des feuilles de menthe et des fleurs comestibles. Dégustez tout de suite.

Ceci n'est en aucun cas une recette australienne. En fait, c'est une recette traditionnelle suédoise qui m'a été présentée par une amie proche qui est, oui, vous l'avez deviné, suédoise ! Ces petits pains briochés sont parfaits pour un brunch ou même pour le goûter accompagnés d'une tasse de café. Je fais les miens la veille, puis je les réchauffe au micro-ondes pendant quelques secondes. L'odeur de ces brioches fraîches et épicées est complètement irrésistible. Savourez !

BRIOCHES
à la cannelle

POUR 6 BRIOCHES - PRÉPARATION : 30 MIN – CUISSON : 25 MIN – REPOS : 2 H

Pour la pâte à brioche
1 sachet de levure chimique
125 ml de lait
1 pincée de cardamome en poudre
25 g de sucre en poudre
37 g de beurre à température ambiante
1 pincée de sel
200 g de farine

Pour la garniture
70 g de beurre
50 g de sucre en poudre
1 c. à s. de cannelle
1 œuf
3 c. à s. de sucre en grains

LA PÂTE À BRIOCHE

Faites tiédir le lait et ajoutez la levure. Dans un robot ou un saladier, mélangez le beurre avec le sucre et la cardamome. Ajoutez petit à petit le lait et mélangez bien. Si vous utilisez un robot, équipez-le d'un crochet. Ajoutez la farine et le sel et pétrissez pendant 5 minutes au robot, ou pendant 10 minutes à la main, afin d'obtenir une pâte bien lisse. Couvrez la pâte avec un film plastique et laissez-la lever dans un endroit chaud pendant 1 heure ou dans un four préchauffé à 30 °C pendant 30 minutes.

LA GARNITURE

Pendant que la pâte lève, mettez le beurre à cuire dans une casserole pour obtenir un beurre noisette. Il doit prendre une couleur ambrée et dégager une odeur de noisette. Versez-le ensuite dans un récipient et mettez-le au réfrigérateur pendant 15 minutes. Le beurre doit se raffermir mais pas complètement. Ajoutez ensuite la cannelle et le sucre. Fouettez pour obtenir une texture bien lisse.

Lorsque la pâte a doublé de volume, étalez-la en forme de carré d'environ 24 x 24 cm. Versez le mélange de beurre sur le dessus de la pâte et utilisez une spatule afin de lisser uniformément la surface.
Roulez la pâte et coupez 6 tranches égales. Placez ces tranches horizontalement (on voit ainsi les spirales sur le haut) dans un moule à tarte de 24 cm de diamètre. Laissez un espace d'environ 1 cm entre chaque brioche. Couvrez avec un torchon et laissez reposer 45 minutes. Préchauffez le four à 185 °C.
Battez l'œuf et utilisez un pinceau à pâtisserie pour lustrer les brioches. Saupoudrez chacune d'entre elles avec le sucre en grains et enfournez pour 25 minutes.

GÂTEAU BUNDT
aux oranges et aux graines de pavot

POUR 2 PERSONNES - PRÉPARATION : 25 MIN – CUISSON : 45 MIN

Pour la pâte
250 g de beurre, à température ambiante
180 g de sucre en poudre
3 gros œufs
250 g de farine
2 c. à c. de levure chimique
Le jus de 2 oranges et les zestes de 3 oranges
40 g de graines de pavot

Pour le glaçage
125 g de sucre glace
3 c. à s. de jus d'orange

Préchauffez le four à 170 °C. Beurrez et farinez un moule « bundt ».

LA PÂTE

Dans un robot, crémez le beurre et le sucre pendant 3 minutes. Ajoutez les œufs un à un. À chaque fois, assurez-vous que le mélange est bien homogène avant d'ajouter le prochain œuf. Versez la farine et la levure chimique. Mélangez pendant quelques secondes. Enfin, ajoutez les zestes et le jus des oranges et les graines de pavot. Ne mélangez pas trop, mais assurez-vous que l'ensemble est homogène.
Enfournez pour 45 minutes jusqu'à ce que la lame d'un couteau ressorte propre lorsque vous l'insérez dedans. Laissez refroidir et démoulez le gâteau.

LE GLAÇAGE

Mélangez le sucre glace avec le jus d'orange. À l'aide d'une cuillère, versez le glaçage sur le pourtour du gâteau.

PANCAKES
à la ricotta et au citron

POUR 6 PERSONNES – PRÉPARATION : 30 MIN – CUISSON : 15 MIN – RÉFRIGÉRATION : 30 MIN

Pour les pancakes à la ricotta
450 g de ricotta
6 œufs
260 ml de lait
185 g de farine
2 c. à c. de bicarbonate de soude
1/2 c. à c. de sel
30 g de beurre (pour cuisiner)

Pour la crème de citron
110 g de jus de citron
Zestes d'1 citron
100 g d'œufs (2 œufs)
55 g de sucre
1 feuille de gélatine
90 g de beurre

Pour la chantilly
250 g de crème liquide entière 35 % de MG
40 g de sucre glace
1 gousse de vanille

Pour le dressage
500 g de fraises ou de framboises
100 ml de sirop d'érable (facultatif)
Des fleurs comestibles (facultatives)

LES PANCAKES À LA RICOTTA

Séparez les jaunes d'œufs des blancs. Gardez les deux. Dans un saladier, mélangez les jaunes d'œufs et le lait. Dans un autre saladier, tamisez la farine, le bicarbonate de soude et le sel. Versez le mélange d'œufs et de lait sur le mélange sec et remuez jusqu'à l'obtention d'une consistance lisse. Ajoutez la ricotta et les zestes de citron. Remuez légèrement mais pas trop car il doit rester des morceaux. À l'aide d'un batteur électrique, montez les blancs d'œufs en neige. Avec une maryse, incorporez délicatement les blancs dans le mélange précédent. Faites fondre un peu de beurre dans une poêle à feu moyen. Versez une petite louche de la préparation au centre de la poêle et faites cuire les pancakes 2 minutes de chaque côté jusqu'à ce qu'ils soient bien dorés.

LA CRÈME DE CITRON

Faites tremper la gélatine dans un bol d'eau froide. Au bain-marie, faites cuire les jus, les zestes, les œufs et le sucre en mélangeant à l'aide d'un fouet jusqu'à ce que le mélange épaisisse (84 °C). Ajoutez la gélatine essorée et laissez la crème refroidir jusqu'à environ 50 °C. Versez la crème dans un mixeur. Mixez et ajoutez le beurre petit à petit. Versez le mélange dans une poche à douille munie d'une douille de 8 mm de diamètre. Réservez au frais pendant au moins 30 minutes.

LA CHANTILLY

Fouettez la crème énergiquement à la main ou dans un robot. Une fois qu'elle commence à épaissir, ajoutez petit à petit le sucre glace. Continuez à fouetter pour obtenir la consistance d'une chantilly. Ajoutez les graines de la gousse de vanille.

LE DRESSAGE

Disposez les pancakes sur une assiette. Pochez des dômes de crème au citron un peu partout. Ajoutez une belle cuillerée de chantilly et décorez de fruits et de fleurs. Si vous le souhaitez, ajoutez un peu de sirop érable.

MES SPÉCIALITÉS *aussies*

TARTELETTES
koala

POUR 6 TARTELETTES – PRÉPARATION : 40 MIN – CUISSON : 40 MIN – RÉFRIGÉRATION : 15 MIN - REPOS : 20 MIN

Pour la pâte sucrée
115 g de beurre
60 g de sucre glace
25 g de poudre d'amandes
1 gousse de vanille
1 œuf
190 g de farine

Pour le caramel à l'eucalyptus
3 feuilles d'eucalyptus séchées
200 g de crème
220 g de sucre
80 g de beurre

Pour la ganache au chocolat et à l'eucalyptus
200 g de crème
3 feuilles d'eucalyptus séchées
300 g de chocolat noir
90 g de beurre
45 g de glucose
30 ml du lait

Pour le dressage
500 g de chocolat blanc
1 feuille de papier guitare 50 X 50 cm
1 stylo permanent
30 g de beurre de cacao
Colorant chocolat : blanc, noir et rose
Éthanol alimentaire

LA PÂTE SUCRÉE

Dans la cuve d'un robot, mélangez le beurre pour qu'il devienne pommade. Ajoutez le sucre glace, les graines de vanille et la poudre d'amandes. Mélangez bien. Ajoutez l'œuf et incorporez-le bien. Tamisez la farine et ajoutez-la sans trop mélanger. Filmez la pâte et laissez-la reposer au congélateur pendant 15 minutes.
Préchauffez le four à 170 °C.
Étalez la pâte entre 2 feuilles de papier cuisson, sur 2 à 3 mm d'épaisseur. Détaillez des disques de pâte légèrement plus grands que le diamètre des moules. Beurrez-les puis chemisez-les avec la pâte. Piquez les fonds de tarte à l'aide d'une fourchette et réservez-les au réfrigérateur pendant 30 minutes.
Enfournez les tartes pour 30 minutes, jusqu'à ce qu'elles soient bien dorées. Laissez refroidir.

LE CARAMEL À L'EUCALYPTUS

Faites chauffer la crème, puis faites-y infuser les feuilles d'eucalyptus pendant 10 minutes. Enlevez les feuilles et gardez la crème chaude. Dans une casserole sur feu moyen, chauffez le sucre sans cesser de remuer. Lorsque le sucre est fondu, cessez de remuer et laissez-le cuire jusqu'à ce qu'il se transforme en liquide ambré.
Versez la crème chaude petit à petit. Mélangez bien et ajoutez le beurre. Laissez refroidir.

LA GANACHE CHOCOLAT - EUCALYPTUS

Faites chauffer la crème et le glucose, puis faites-y infuser les feuilles d'eucalyptus pendant 10 minutes. Hachez le chocolat et placez-le dans un saladier. Filtrez la crème avec une passoire et réchauffez-la. Versez la crème sur le chocolat en 2 fois et mélangez jusqu'à l'obtention d'un mélange homogène. Coupez le beurre en petits morceaux et ajoutez-le au chocolat. Si la ganache est trop huileuse, ajoutez un petit peu de lait chaud.

LE DRESSAGE

Dans les fonds de chaque tartelette, versez le caramel, puis la ganache. Laissez refroidir.
Tempérez le chocolat blanc (chauffer à 45 °C, baisser la température à 26 °C et utiliser à 31°C) et, à l'aide d'une spatule, étalez le chocolat sur la feuille de papier guitare. Lorsque le chocolat commence à durcir, utilisez un cure-dents pour découper 6 têtes de koala. Laissez-les durcir, puis dessinez les détails en utilisant le beurre de cacao fondu mélangé au colorant. Posez chaque koala sur les tartelettes.

GÂTEAU VEGAN & SANS GLUTEN

au citron vert et aux mûres

POUR 15 PETITS GÂTEAUX - PRÉPARATION : 20 MIN - RÉFRIGÉRATION : 1 H 30

Pour la pâte
150 g d'amandes
8 dattes dénoyautées
40 g de framboises congelées

Pour le gâteau aux mûres
225 g de noix de cajou trempées dans l'eau pendant 24 heures
60 ml de jus de citron vert
78 ml de sirop d'érable
125 ml d'huile de noix de coco
1 gousse de vanille
1 pincée de sel
150 g de mûres fraîches ou congelées

Pour le gâteau au citron vert
1 avocat bien mûr
60 ml de jus de citron vert
125 ml d'huile de noix de coco fondue
78 ml de sirop d'érable

Pour le dressage
Quelques mûres fraîches
Le zeste d'1 citron vert
Des fleurs comestibles

LA PÂTE

Mixez les amandes pendant 5 secondes. Ajoutez petit à petit les dattes. Lorsque le mélange commence à former une boule un peu collante, arrêtez le mixeur. Recouvrez une plaque de cuisson avec du papier sulfurisé. Versez le mélange d'amandes et de dattes dans un rectangle d'environ 20 x 30 cm et nivelez la pâte avec vos doigts. Incorporez des framboises dans la pâte et réservez au frais.

LE GÂTEAU AUX MÛRES

Rincez et séchez les noix de cajou et mettez-les dans un mixeur avec tous les autres ingrédients nécessaires au gâteau aux mûres. Mixez jusqu'à l'obtention d'une pâte bien lisse. Versez le mélange obtenu sur la pâte et utilisez une spatule pour lisser l'ensemble. Réservez au congélateur pendant 30 minutes.

LE GÂTEAU AU CITRON VERT

Mixez tous les ingrédients jusqu'à l'obtention d'une purée bien homogène. Versez le mélange sur le dessus du gâteau aux mûres. Lissez avec une spatule et réservez au congélateur pendant 1 heure.

LE DRESSAGE

Sortez le gâteau du congélateur et coupez-le en petits rectangles. Décorez-les avec des fleurs et des fruits. Le gâteau doit rester au réfrigérateur et être dégusté froid.

ETON MESS
aux myrtilles, thym et chocolat

POUR 4 PERSONNES - PRÉPARATION : 3 H - CUISSON : 1 H - CONGÉLATEUR : 8 H

Pour la glace aux myrtilles et au thym
300 g de myrtilles fraîches ou congelées
50 ml d'eau
125 g de sucre
220 ml de lait entier
100 ml de crème entière
2 jaunes d'œufs
1/2 gousse de vanille
4 brins de thym frais

Pour les éclats de meringue
300 g de sucre en poudre
150 g de blancs d'œufs
1/4 de c. à c. de crème de tartre
30 g de myrtilles lyophilisées en poudre

Pour la chantilly au chocolat
250 g de crème liquide entière à 35 % de MG
60 g de sucre glace
15 g de poudre de cacao

Pour le chocolat « soil »
90 g de beurre froid
40 g de poudre de cacao
95 g de farine
3 c. à s. de sucre en poudre
1 pincée de sel

Pour le dressage
300 g de myrtilles fraîches

LA GLACE AUX MYRTILLES ET AU THYM

Dans une casserole, portez les myrtilles à ébullition avec 40 g de sucre et 50 ml d'eau. Laissez mijoter pendant 30 minutes. Laissez refroidir 5 minutes puis mixez jusqu'à l'obtention d'une consistance lisse. Passez le tout au chinois et réservez. Dans une casserole, portez à ébullition la vanille, le lait, la crème et le thym. Arrêtez le feu et laissez le thym infuser pendant 10 minutes. Sortez le thym et réchauffez le lait. Dans un bol, fouettez les jaunes d'œufs et 85 g de sucre. Versez un tiers du lait chaud sur les œufs, fouettez et reversez le tout dans la casserole. Chauffez à 84 °C en remuant continuellement. Versez ce mélange sur les myrtilles. Remuez et placez au congélateur jusqu'à refroidissement complet (environ 2 heures).

Turbinez, en suivant les indications du fabricant de la sorbetière.

Remplissez 4 moules en forme de demi-sphères de taille moyenne, et 8 moules en forme de petites demi-sphères. Réservez au congélateur pendant au moins 6 heures.

LES ÉCLATS DE MERINGUE

Préchauffez le four à 100 °C.

Dans une casserole, chauffez lentement le sucre. Il faut qu'il soit chaud mais pas qu'il fonde. Pendant ce temps, mettez les blancs d'œuf dans un bol et commencez à les monter en neige. Lorsque les œufs sont mousseux, ajoutez graduellement le sucre chaud. Continuez à battre les œufs jusqu'à ce que tout le sucre soit dissous. Mettez le batteur sur vitesse lente et ajoutez la crème de tartre. Couvrez une plaque de papier cuisson. Utilisez une spatule pour lisser une couche de meringue d'environ 3 mm d'épaisseur. Saupoudrez de myrtilles lyophilisées et utilisez un cure-dents pour réaliser un effet marbré. Enfournez pour 30 minutes.

LA CHANTILLY AU CHOCOLAT

Dans un petit bol, mélangez le sucre glace et la poudre de cacao. Réservez.

À l'aide d'un batteur électrique ou d'un robot, montez la crème. Lorsqu'elle commence à mousser, ajoutez petit à petit le mélange de sucre glace. Continuez de fouetter jusqu'à l'obtention d'une chantilly bien compacte. Remplissez de chantilly une poche à douille munie d'une douille de 8 mm de diamètre et réservez au réfrigérateur.

LE CHOCOLAT « SOIL »

Préchauffez le four à 180 °C.

Coupez le beurre en petits dés et mélangez-les à la main avec les autres ingrédients pour former un mélange sableux. Égrainez le mélange sur une feuille de papier cuisson et enfournez pour 20 minutes. Pendant la cuisson, arrêtez le four de temps en temps, cassez des morceaux qui se sont formés et mélangez-les.

LE DRESSAGE

Sur chaque assiette, mettez un peu de chocolat « soil ». Déposez une grande demi-sphère de glace au centre ainsi que deux plus petites sur les extrémités. Cassez la meringue en éclats et disposez-les à côté de la glace. Terminez le dressage en pochant la chantilly en dômes et décorez avec les myrtilles.

CHEESECAKE
Anzac day

POUR 6 PERSONNES – PRÉPARATION : 40 MIN – CUISSON : 30 MIN – REPOS : 10 MIN

Pour la pâte à biscuit Anzac
75 g de farine
45 g de flocons d'avoine
45 g de noix de coco râpée
50 g de vergeoise
27 g de sucre en poudre
62 g + 90 g de beurre
1 c. à s. de Golden Syrup®
1 c. à s. d'eau
1/4 de c. à c. de bicarbonate de soude

Pour le cream cheese fouetté
135 g de Philadelphia®
100 g de sucre en poudre
100 g de crème fraîche
1 g de zeste de citron
235 g de crème liquide

Pour le dressage
1 mangue
Des feuilles de menthe
Des fleurs comestibles

LA PÂTE À BISCUIT ANZAC

Préchauffez le four à 180 °C et recouvrez deux plaques de papier cuisson.
Mélangez la farine, l'avoine, la noix de coco et les sucres (brun et normal) dans un grand saladier.
Faites fondre 62 g de beurre, le Golden Syrup® et l'eau dans une petite casserole sur feu moyen jusqu'à ce que le beurre ait complètement fondu et que le mélange soit homogène. Incorporez le bicarbonate, puis ajoutez le l'appareil à l'avoine. Mélangez jusqu'à incorporation totale.
Déposez des petites boules de pâte espacées d'environ 5 cm sur les plaques de cuisson. Aplatissez-les jusqu'à ce qu'elles fassent environ 1 cm d'épaisseur. Enfournez -les 25 minutes jusqu'à ce que les gâteaux dorent. Réservez-les pendant 10 minutes puis transférez-les sur une grille pour qu'ils refroidissent complètement.
Mettez les biscuits dans un blender et réduisez-les en morceaux. Versez la mixture dans un bol et ajoutez 90 g de beurre fondu. Mélangez jusqu'à l'obtention d'un appareil très condensé.
Placez un cercle de pâtisserie de 28 cm de diamètre sur un plateau recouvert de papier cuisson. Placez un autre cercle de 14 cm de diamètre dans le premier de manière à obtenir la forme d'un croissant de lune.
Déposez le mélange en appuyant fermement pour remplir le croissant de lune. Réservez au congélateur.

LE CREAM CHEESE FOUETTÉ

Mettez le Philadelphia®, le sucre en poudre, la crème fraîche et le zeste de citron dans le bol d'un mixeur électrique. Commencez à fouetter à vitesse moyenne. Ajoutez petit à petit la crème liquide à l'appareil. Lorsque toute la crème est incorporée, mélangez jusqu'à ce que des pics se forment.
Couvrez d'un film alimentaire et laissez reposer au réfrigérateur.

LE DRESSAGE

Remplissez une poche à douille avec un embout large (n° 8) de fromage fouetté et pochez le cream cheese en réalisant des dômes de différentes tailles. Décorez avec des fleurs, des morceaux de mangues et des feuilles de menthe.

PAVLOVA ROULÉE
aux framboises

POUR 6 PERSONNES – PRÉPARATION : 30 MIN – CUISSON : 10 MIN

Pour la pavlova roulée
4 blancs d'œufs
185 g de sucre en poudre
10 g de Maïzena®
1 c. à c. de vinaigre blanc

Pour la crème diplomate au citron vert
5 g de gélatine
250 g de lait
50 g de sucre
40 g de jaunes d'œufs
25 g de Maïzena®
1 gousse de vanille
20 g de beurre
200 g de crème
Les zestes d'1 citron vert

Pour le dressage
500 g de framboises

LA PAVLOVA ROULÉE

Préchauffez le four à 180 °C.
Dans un robot, montez les blancs d'œufs en ajoutant petit à petit le sucre. Lorsque la meringue est bien épaisse, ajoutez la Maïzena® et le vinaigre. Étalez la meringue sur une feuille de papier cuisson d'environ 30 x 40 cm et enfournez pour 10 minutes. Laissez refroidir. Très doucement, enlevez le papier cuisson et placez la pavlova sur une nouvelle feuille que vous aurez saupoudrée du sucre glace. Réservez.

LA CRÈME DIPLOMATE AU CITRON VERT

Faites tremper les feuilles de gélatine dans un bol d'eau froide. Dans une casserole, portez à ébullition le lait et les graines de vanille, puis laissez infuser pendant 15 minutes. Dans un bol, fouettez les jaunes d'œufs avec le sucre. Ajoutez la Maïzena®. Filtrez le lait et versez 1/3 du lait chaud sur le mélange d'œufs et de sucre. Ajoutez le reste puis reversez le tout dans la casserole. Faites cuire en remuant constamment à feu doux, jusqu'à l'obtention d'une crème pâtissière. Hors du feu, ajoutez le beurre en morceaux, puis la gélatine essorée et les zestes du citron vert. Versez dans un cul-de-poule et laissez refroidir en remuant de temps en temps. Attention, le mélange doit rester tiède, sinon il se figera. Battez la crème bien froide en chantilly jusqu'à ce qu'elle ait doublé de volume et que le fouet laisse des traces. Incorporez délicatement la crème fouettée à l'aide d'une maryse dans la crème pâtissière encore tiède. Si la crème pâtissière est trop chaude, la crème fouettée fondra. Réservez au frais.

LE DRESSAGE

Étalez 3/4 de la crème diplomate sur la pavlova. Lissez avec une spatule pour obtenir une couche régulière. Coupez 150 g de framboises en 2 et mettez-les sur la couche de crème. Très doucement, roulez la pavlova et coupez une tranche d'1 cm d'épaisseur de chaque côté afin que les extrémités soient bien nettes. Couvrez la pavlova avec la crème diplomate qui reste et collez les framboises restantes un peu partout pour donner un effet « hérisson ».

RIZ GLUANT NOIR
avec fruits de la passion et citron vert

POUR 4 PERSONNES - PRÉPARATION : 1 H 30 - CUISSON : 1 H - RÉFRIGÉRATION : 3 H

Pour la glace au citron vert
180 ml de lait entier
180 ml de crème entière
3 jaunes d'œufs
150 g de sucre
Les zestes de 3 citrons verts

Pour la gelée de fruits de la passion
200 ml de purée de fruits de la passion
150 ml d'eau
100 g de sucre
15 g de gélatine

Pour le riz noir
160 g de riz gluant noir (dans les épiceries asiatiques)
750 ml d'eau
3 c. à s. de sucre vergeoise
250 ml de lait de noix de coco

Pour le « sponge cake » aux fruits de la passion
100 g de beurre doux fondu
80 g de sucre en poudre
2 œufs
4 c. à s. de purée de fruits de la passion
100 g de farine
1 1/2 c. à c. de levure chimique

Pour le dressage
Des fleurs comestibles
Des feuilles de menthe
1 poignée de noix de macadamia hachées
50 ml de lait de noix de coco

LA GLACE AU CITRON VERT

Dans une casserole, chauffez la crème avec le lait et le sucre. Battez les jaunes d'œufs et ajoutez une moitié du mélange de lait chaud. Fouettez bien et versez-le dans la casserole avec le reste du lait. Remuez constamment avec une maryse et chauffez jusqu'à 85 °C. Versez la préparation dans un saladier et ajoutez les zestes des citrons verts. Laissez refroidir complètement au congélateur. Lorsque l'appareil est bien froid, versez-le dans une sorbetière pendant 30 minutes. Mettez la glace au congélateur au moins 2 heures avant de servir.

LA GELÉE DE FRUITS DE LA PASSION

Trempez la gélatine dans un bol d'eau froide.
Dans une casserole, faites bouillir l'eau et le sucre pendant 1 minute. Laissez refroidir à 70 °C. Essorez la gélatine et ajoutez-la au liquide. Mélangez bien et ajoutez la purée de fruits de la passion. Versez la gelée sur une plaque et mettez-la au congélateur pendant au moins 1 heure pour qu'elle prenne.

LE RIZ NOIR

Dans une casserole d'eau, portez le riz à ébullition. Réduisez le feu et laissez mijoter pendant 50 minutes. Lorsque le riz a absorbé la moitié de l'eau, ajoutez le lait de noix de coco et le sucre. Poursuivez la cuisson jusqu'à ce que tout le liquide soit absorbé. Veillez à ce que le riz ne colle pas et n'attache pas au fond de la casserole. Laissez refroidir.

LE « SPONGE CAKE » AUX FRUITS DE LA PASSION

Dans un saladier, fouettez les œufs, le sucre et la purée. Ajoutez le beurre fondu, puis la farine et la levure chimique. Mélangez bien pour obtenir une pâte homogène.
Divisez le mélange entre 4 tasses passant au micro-ondes. Mettez une tasse à la fois au micro-ondes pendant 1 minute. Laissez refroidir.

LE DRESSAGE

Répartissez le riz noir sur 4 assiettes. Utilisez une cuillère pour créer une forme de lune. Ôtez l'excédent et nettoyer les possibles traces. Versez un filet de lait de noix de coco sur chaque lune. Sortez la gelée du congélateur et coupez-la en petits carrés. Disposez quelques carrées sur chaque lune de riz. Émiettez les « sponge cakes » et parsemez chacune d'entre elles de morceaux. Sortez la glace du congélateur et, à l'aide de 2 cuillères, réalisez des quenelles. Placez 2 quenelles de glace sur chaque assiette, saupoudrez de noix de macadamia, puis décorez de quelques fleurs et feuilles de menthe.

CRÈME GLACÉE
au miel et aux noix de macadamia

POUR 4 PERSONNES – PRÉPARATION : 35 MIN – RÉFRIGÉRATION : 6 H

375 ml de lait
30 g de sucre
375 g de crème entière à 35 % de MG
5 jaunes d'œufs
100 g de miel au goût prononcé
150 g de noix de macadamia crues

Préchauffez le four à 160 °C pendant 10 minutes. Torréfiez les noix de macadamia. Laissez refroidir. Mettez la crème entière dans un saladier et réservez au frais pendant que vous réalisez la crème anglaise.

LA CRÈME ANGLAISE
Commencez par faire chauffer le lait dans une casserole. Pendant ce temps, dans un bol, fouettez les jaunes d'œufs et le sucre. Dès que le lait commence à bouillir, versez-en la moitié sur le mélange de jaunes d'œufs. Mélangez, puis reversez le tout dans la casserole. Chauffez l'appareil jusqu'à ce qu'il atteigne 84 °C sans cesser de remuer. Versez ensuite immédiatement la crème anglaise sur la crème entière froide et mélangez bien. Ajoutez le miel et utilisez un fouet afin de bien l'incorporer au mélange. Laissez reposer au congélateur pendant environ une demi-heure.
Lorsque le mélange est bien froid, versez-le dans une sorbetière et lancez le processus selon les instructions du fabricant. Au cours des dernières minutes de barattage, ajoutez les noix de macadamia. Lorsque la crème glacée a épaissi, placez-la dans le congélateur pendant plusieurs heures. Servez et dégustez.

FREAKSHAKE
au Nutella® et aux bretzels

POUR 2 PERSONNES – PRÉPARATION : 30 MIN – CUISSON : 30 MIN

Pour les brownies
35 g de beurre
40 g de sucre vergeoise
1 œuf
1 gousse de vanille
185 g de Nutella®
ou de pâte à tartiner
aux noisettes
50 g de farine

Pour le freakshake
5 boules de crème
glacée à la vanille
400 ml de lait
180 g de Nutella®
1 poignée de bretzels
200 g de crème entière
à 35 % de MG
30 g de sucre glace

LES BROWNIES

Préchauffez le four à 175 °C.
Chemisez un moule carré d'environ 15 x 15 cm avec du papier cuisson.
Dans un robot, mélangez le beurre avec le sucre vergeoise pendant 3 minutes. Arrêtez le robot de temps en temps et raclez les parois et le fond de la cuve. Ajoutez l'œuf, les graines de vanille et 180 g de Nutella®. Continuez à mélanger. Lorsque le mélange est bien lisse, incorporez la farine.
Versez l'appareil dans le moule. À l'aide d'une cuillère, coulez le Nutella® sur le dessus. Utilisez un cure-dents pour obtenir un effet marbré. Enfournez pour 30 minutes. Laissez les brownies refroidir complètement, démoulez-les et coupez-les en quatre.

LE FREAKSHAKE

Dans un mixeur, versez le lait, 3 boules de glace et 125 g de Nutella®. Mixez pour obtenir un smoothie lisse. Réservez au réfrigérateur.
Fouettez la crème dans un robot ou avec un batteur électrique. Lorsque la crème commence à épaissir, ajoutez petit à petit le sucre glace. Continuez à fouetter jusqu'à l'obtention d'une texture épaisse et aérienne. Mettez le tout dans une poche à douille munie d'une douille étoile.
Prenez 2 verres et, à l'aide d'une cuillère, décorez les parois avec un peu de Nutella®. Versez 1 cuillerée à soupe de Nutella® sur le pourtour du verre et collez-y quelques bretzels. Mettez une boule de glace dans chaque verre et remplissez-les avec le freakshake. Pochez la chantilly dessus, puis ajoutez un brownie et coulez un peu de Nutella® partout.

BÂTONNETS GLACÉS
aux fraises rôties et yaourt

POUR 6 BÂTONNETS GLACÉS - PRÉPARATION : 15 MIN – CUISSON : 20 MIN – RÉFRIGÉRATION : 6 H

- 500 g de fraises
- 5 c. à s. de sirop d'érable
- 1 c. à c. de poivre grossièrement moulu
- 360 g de yaourt nature
- 1 gousse de vanille

Préchauffez le four à 170 °C.

Lavez délicatement les fraises et retirez le pédoncule à l'aide d'un petit couteau. Sur une plaque de cuisson profonde, mettez les fraises, 1 cuillerée à café de sirop d'érable et le poivre. Enfournez pour 20 minutes. Ouvrez le four après 10 minutes et mélangez les fraises.

Pendant que les fraises sont dans le four, versez le yaourt, le sirop d'érable restant et les graines de la vanille dans un saladier. Mélangez bien et réservez au réfrigérateur.

Mettez les fraises rôties et le jus de cuisson qui s'est formé dans un saladier et laissez refroidir. Lorsque la préparation a froidi, prenez une fourchette et écrasez-la dans le liquide.

Dans un moule à glace, versez 1 cuillerée à soupe de la purée de fraises rôties, puis 1 cuillerée à soupe de yaourt. Répétez cette opération jusqu'à ce que vous ayez rempli les moules. Glissez un bâtonnet en bois dans chaque moule et mettez-les au congélateur pour au moins 6 heures avant de déguster.

BÂTONNETS GLACÉS
au thé chaï et chocolat noir

POUR 6 BÂTONNETS GLACÉS - PRÉPARATION : 20 MIN - RÉFRIGÉRATION : 6 H 10

300 g de yaourt
300 g de crème entière
125 g de miel
4 sachets de thé chaï
100 g de chocolat noir

Dans une petite casserole, mettez à cuire la crème et le miel. Lorsque le mélange est bien chaud mais pas bouillant, arrêtez le feu et ajoutez les sachets de thé. Laissez infuser pendant 20 minutes ou plus si vous préférez un goût bien prononcé. Mélangez de temps en temps.
Enlevez les sachets de thé et versez la crème dans un saladier. Laissez refroidir complètement. Ajoutez le yaourt et mélangez bien.
Faites fondre le chocolat au bain-marie ou au micro-ondes en mélageant régulièrement. Lorsque le mélange a totalement fondu et est homogène, éteignez le feu. Prenez une cuillère et coulez-en un petit peu sur le fond de chaque moule à glace. Placez au congélateur 10 minutes. Lorsque le chocolat a durci, remplissez chaque moule avec le yaourt. Glissez un bâtonnet en bois dans chaque moule et mettez au congélateur pour au moins 6 heures avant de déguster.

mes fabulous CAKES

EGG AND BACON
macarons

POUR 12 GRANDS MACARONS – PRÉPARATION : 1 H 30 – CUISSON : 18 MIN – RÉFRIGÉRATION : 40 MIN

Pour les macarons
150 g de poudre d'amandes
150 g de sucre glace
110 g de blancs d'œufs
150 g de sucre en poudre
37 g d'eau
1 pointe de colorant jaune

Pour la garniture au bacon sucré
200 g de bacon
3 c. à s. de sucre vergeoise
2 c. à s. de sirop d'érable
100 g de sucre en poudre
38 g d'eau
75 g d'œufs
45 g de jaunes d'œufs
200 g de beurre, à température ambiante et en dés

LES MACARONS

Mixez le sucre glace avec la poudre d'amandes. Passez au tamis. Ajoutez 55 g de blancs d'œufs et mélangez pour obtenir une texture pâteuse. Réservez. Dans une casserole, chauffez le sucre et l'eau à 121 °C. Pendant ce temps, montez les blancs d'œufs en neige restants. Ajoutez lentement le sirop chaud en fouettant avec un batteur électrique sans cesse jusqu'à ce que la meringue redescende à température ambiante. Délayez le mélange de poudre d'amandes avec 1/3 du mélange à la meringue. Puis incorporez le reste de la meringue à la maryse. Versez environ 1/5 du mélange dans un bol et ajoutez le colorant jaune. Avec une maryse, mélangez les préparations en « écrasant » la pâte contre les parois du récipient. Continuez jusqu'à ce que l'appareil devienne lisse, brillant, et forme un ruban lorsque l'on soulève la maryse. Remplissez 2 poches à douille de 8 cm de diamètre, l'une avec le mélange blanc et l'autre avec le mélange jaune. Sur une plaque recouverte de papier sulfurisé, pochez 24 macarons en forme d'œufs au plat avec le mélange blanc. Laissez-les former une croûte pendant 20 minutes avant de pocher sur 12 d'entre eux les jaunes d'œufs. Laissez reposer 20 minutes de plus. Préchauffez le four à 135 °C et enfournez les macarons pour 18 minutes.

LA GARNITURE AU BACON SUCRÉ

Saupoudrez le bacon de sucre vergeoise et versez le sirop d'érable par-dessus. Grillez le bacon pendant 20 minutes jusqu'à ce qu'il soit bien caramélisé. Retournez le bacon. Laissez-le refroidir, puis hachez-le très finement. Réservez.
Versez les œufs et les jaunes d'œufs dans un batteur et fouettez-les pendant 2 minutes. Pendant ce temps, chauffez l'eau et le sucre, dans une casserole, à 121 °C. Versez ensuite ce sirop sur les œufs en mélangeant sans arrêt. Continuez de fouetter jusqu'à refroidissement complet. Ajoutez le beurre petit à petit. Battez jusqu'à ce que l'appareil soit lisse et brillant. Mettez la garniture dans une poche à douille (8 mm de diamètre) et déposez-la sur une moitié des macarons. Saupoudrez avec beaucoup de bacon, puis refermez chaque macaron avec la coque supérieure. Réservez les macarons au réfrigérateur et sortez-les 10 minutes avant de déguster.

RENARD
à la rhubarbe

POUR 8 PERSONNES – PRÉPARATION : 1 H 30 – CUISSON : 45 MIN – REPOS : 30 MIN

Pour le gâteau vanille-cardamome
562 g de farine
1/2 c. à s. de levure chimique
1/2 c. à c. de sel
339 g de beurre
6 œufs
600 g de sucre
1 c. à c. de poudre de vanille
186 g de lait fermenté
186 g de crème fraîche épaisse
1 c. à c. de cardamome en poudre

Pour le sirop de vanille
150 g d'eau
100 g de sucre
1/2 c. à c. de poudre de vanille

Pour la crème rhubarbe
300 g de rhubarbe
125 g d'eau
Colorant rouge
8 blancs d'œufs
600 g de sucre
1 pincée de sel
680 g de beurre
3 gousses de vanille
1 c. à c. de cardamome en poudre

Pour le dressage
2 cure-dents
1 couteau à pain
Colorant brun
Colorant noir
5 g de pâte à sucre noire
5 g de pâte à sucre jaune

LE GÂTEAU VANILLE-CARDAMOME

Préchauffez le four à 175 °C. Graissez 3 cercles de pâtisserie : 2 de 22 cm et 1 de 16 cm de diamètre. Placez-les sur des plaques recouvertes de papier cuisson. Dans un saladier, mélangez la farine, la levure et le sel. Laissez reposer. Dans un bol, mélangez le lait fermenté et la crème fraîche épaisse. Laissez reposer. À l'aide d'un mixeur électrique, mélangez le beurre (à température ambiante) avec le sucre pendant 6 minutes. Ensuite, ajoutez les œufs un par un, ainsi que les graines de la vanille et la cardamome. Mélangez pendant 4 minutes. Ajoutez 1/3 de la farine à la maryse, puis la moitié du lait fermenté. Poursuivez jusqu'à ce que toute la farine et le lait aient été incorporés. Remplissez le cercle de 16 cm jusqu'aux 2/3 avec l'appareil précédemment réalisé puis divisez équitablement le reste entre les 2 cercles de 22 cm. Enfournez pour 25 à 30 minutes à 160 °C. Une fois cuits, enlevez les cercles et filmez les gâteaux dans du film alimentaire. Mettez-les au congélateur pour qu'ils refroidissent rapidement.

LE SIROP DE VANILLE

Dans une casserole, portez à ébullition tous les ingrédients puis laissez reposer.

LA CRÈME RHUBARBE

Faites chauffer la rhubarbe coupée en petits morceaux avec l'eau. Ajoutez 100 g de sucre et les graines d'une gousse de vanille et portez à ébullition. Réduisez le feu et laissez mijoter jusqu'à ce que la rhubarbe devienne tendre. Laissez légèrement refroidir, ajoutez le colorant alimentaire, et réduisez en purée. Réservez au congélateur. Mettez les blancs d'œufs et le sucre dans un cul-de-poule au bain-marie et mélangez vigoureusement jusqu'à ce que le mélange atteigne 71 °C. Enlevez du feu et, à l'aide d'un mixeur, battez l'appareil jusqu'à complet refroidissement. Réglez le mixeur sur vitesse lente et ajoutez le beurre petit à petit. Continuez à mélanger jusqu'à ce que l'appareil soit épais et lisse. Ajoutez le sel, la cardamome et les graines des 2 gousses de vanille restantes. Divisez le mélange obtenu en 2 bols. Ajoutez la rhubarbe au premier bol, en en réservant un peu pour l'assemblage du gâteau, et mélangez 2 minutes supplémentaires. Laissez reposer. Gardez 100 g du second bol à part. Il servira à la crème au beurre blanche pour la queue et la tête du renard. Ajoutez le colorant alimentaire orange dans la préparation du second bol.

LE DRESSAGE

Lorsque les gâteaux sont froids, coupez tous les morceaux qui dépassent. Coupez les 2 gâteaux les plus larges horizontalement pour obtenir 4 tranches de gâteau de même épaisseur. Imbibez chacune de sirop de vanille. Pour l'heure, ne coupez pas le plus petit des gâteaux. Empilez les 3 tranches les unes sur les autres et commencez à sculpter le corps du renard. Pensez à l'endroit où la queue sera placée. Avec le petit gâteau, formez la queue et placez-la à côté du corps du renard. Utilisez le reste du petit gâteau pour faire la tête du renard et la dernière couche de gâteau de 22 cm pour sculpter les oreilles et donner de la profondeur à la gueule. Assemblez les morceaux. Recouvrez les deux premières tranches de gâteau de 22 cm d'une fine couche de purée de rhubarbe et de crème au beurre à la rhubarbe, puis repositionnez la troisième tranche de gâteau. Recouvrez de purée de rhubarbe et de crème la partie de cette tranche où la tête du renard sera placée. Coupez la queue en 2 tranches, remplissez-la avec la crème au beurre et attachez-la au reste du corps. Fixez ensuite la tête et les oreilles avec la crème pour le glaçage et des cure-dents. Utilisez le restant de crème rhubarbe pour recouvrir d'une fine couche le gâteau entier et coller les différentes parties de la tête. Placez au congélateur jusqu'à ce que l'assemblage ait bien pris. Remplissez une poche à douille avec la crème au beurre blanche et décorez la queue et la tête. Couvrez le reste du renard avec la crème au beurre orange. Utilisez une fourchette pour donner l'apparence des poils. Ajoutez une petite quantité de colorant brun au reste de la crème orange pour les petites touches sur le corps. Enfin, sculptez les yeux et le nez avec la pâte à sucre.

ENTREMETS
« carrot cake »

POUR 8 PERSONNES - PRÉPARATION : 2 H - CUISSON : 20 MIN - RÉFRIGÉRATION : 4 H

Pour l'insert aux abricots
300 g de purée d'abricots
160 ml de jus de carotte
30 g de sucre
5 g de gélatine

Pour le carrot cake
100 g de farine
80 g de sucre vergeoise
4 g de bicarbonate de soude
2 œufs
60 ml d'huile végétale
4 g de cannelle en poudre
80 g de carottes râpées
40 g de pommes râpées
20 g de noix hachées

Pour la crème au cheesecake et praliné
250 g de chocolat au lait au caramel, haché
4 g de gélatine
2 jaunes d'œufs
12 g de sucre
65 g de lait
115 g de Philadelphia®
190 g de crème entière à 35 % de MG
90 g de pâte de praliné

Pour le glaçage miroir blanc
75 g d'eau
150 g de sucre
150 g de sirop de glucose
150 g de lait concentré non sucré
150 g de chocolat blanc
50 g de nappage neutre
10 g de gélatine
1 pincée de colorant violet
2 c. à c. de colorant blanc (oxyde de titane)

L'INSERT AUX ABRICOTS

Faites trempez la gélatine dans un bol d'eau froide.
Dans une casserole, chauffez la purée et le sucre jusqu'à ce que tout le sucre soit dissous. Ajoutez le jus de carotte et la gélatine essorée. Mélangez bien et versez sur 2 plaques recouvertes de film alimentaire. Mettez au congélateur pendant au moins 1 heure, puis détaillez 2 disques un peu plus petits que le moule. Conservez au congélateur.

LE CARROT CAKE

Préchauffez le four à 160 °C. Couvrez une plaque avec du papier cuisson.
Mettez la farine, le bicarbonate de soude, le sucre vergeoise et la cannelle dans un saladier et mélangez bien. Ajoutez les œufs et l'huile et mélangez jusqu'à ce qu'ils soient bien incorporés. Ajoutez les ingrédients restants. Versez le mélange sur la plaque et étalez-le pour obtenir une couche d'environ 1,5 cm d'épaisseur. Enfournez pour 15 à 18 minutes. Laissez le cake refroidir et coupez-le à la taille de votre moule.

LA CRÈME AU CHEESECAKE ET PRALINÉ

Faites trempez la gélatine dans un bol d'eau froide. Dans une casserole, chauffez le lait, 75 g de crème et la pâte à praliné. Pendant ce temps, fouettez les jaunes d'œufs avec le sucre. Versez une moitié du lait chaud sur les jaunes d'œufs, mélangez et reversez-le tout dans la même casserole. Chauffez jusqu'à 84 °C. Stoppez le feu et incorporez la gélatine essorée. Versez sur le chocolat en 3 fois en mélangeant énergiquement entre chaque ajout. Laissez refroidir à 45 °C. Mettez le Philadelphia® dans un saladier et fouettez-le pour obtenir une consistance onctueuse. Dans un autre saladier, montez la crème restante. À l'aide d'une maryse, incorporez la crème fouettée au Philadelphia®, puis mélangez le tout à la préparation au chocolat. Remplissez 1/3 du moule avec la crème au cheesecake. Posez un insert d'abricot dessus, couvrez avec de la crème, puis ajoutez le deuxième insert d'abricot. Recouvrez avec la crème restante et ajoutez le carrot cake. Réservez au congélateur au moins 4 heures.

LE GLAÇAGE MIROIR BLANC

Faites tremper la gélatine dans un bol d'eau froide.
Faites bouillir l'eau, le sucre, le glucose et le colorant blanc. Versez ce mélange sur le lait concentré et le chocolat blanc. Mélangez bien et ajoutez la gélatine essorée ainsi que le nappage neutre et le colorant violet. Laissez refroidir à 35 °C.

LE DRESSAGE

Sortez le gâteau du congélateur et démoulez-le. Déposez le gâteau sur une grille avec une plaque en dessous. Versez le glaçage sur le gâteau et laissez couler pendant quelques minutes. Mettez le gâteau sur une assiette et décorez-le avec des carottes fabriquées en pâte à sucre.

LAYER CAKE
aux mûres et au basilic

POUR 10 PERSONNES - PRÉPARATION : 3 H - CUISSON : 45 MIN – RÉFRIGÉRATION : 20 MIN

Pour le biscuit vanille
565 g de farine
1,5 c. à s. de levure chimique
1,5 c. à s. de sel
340 g de beurre
6 œuf
500 g de sucre
2 gousses de vanille
185 ml de lait fermenté
185 ml de crème fraîche épaisse

Pour le sirop d'imbibage
150 ml d'eau
100 g de sucre
10 feuilles de basilic

Pour la crème au beurre
500 g des mûres
30 feuilles de basilic
8 blancs d'œufs
500 g de sucre
1 pincée de sel
680 g de beurre

Pour les décorations
600 g de pâte à sucre lilas
1 bouquet de fleurs
1 feuille d'aluminium
Peinture comestible noire

LE BISCUIT VANILLE

Préchauffez le four à 175 °C.
Beurrez et farinez 2 cercles à entremets de 15 cm de diamètre et d'environ 6 cm de hauteur. Placez-les sur des plaques de cuisson recouvertes de papier cuisson. Dans un saladier, mélangez la farine, la levure et le sel. Réservez. Dans un bol, mélangez le lait fermenté et la crème fraîche épaisse. Réservez. Dans un robot ou à l'aide d'un mixeur, mélangez le beurre (qui doit être à température ambiante) avec le sucre pendant 6 minutes. Ajoutez ensuite les œufs un à un ainsi que les graines de la vanille. Mélangez 4 minutes supplémentaires. Ensuite, ajoutez 1/3 de la farine puis la moitié du lait fermenté. Poursuivez ainsi jusqu'à ce que toute la farine et le lait aient été incorporés. Remplissez les cercles à entremets aux 3/4 avec l'appareil précédemment réalisé. Enfournez pour 30 minutes. Une fois cuits, découpez chaque biscuit en 3 parts égales dans le sens horizontal.

LE SIROP D'IMBIBAGE

Dans une casserole, portez à ébullition tous les ingrédients puis arrêtez le feu. Faites infuser le basilic pendant 15 minutes. Sortez le basilic et laissez le sirop refroidir.

LA CRÈME AU BEURRE

Rincez les mûres et coupez-les en 2. Réservez. Hachez très finement le basilic et réservez. Placez les blancs d'œufs et le sucre dans un cul-de-poule au bain-marie et mélangez vigoureusement jusqu'à ce que le mélange atteigne 71 °C. Retirez du feu et utilisez un mixeur électrique pour battre l'appareil jusqu'à complet refroidissement. Positionnez le mixeur en vitesse lente et ajoutez le beurre petit à petit. Poursuivez jusqu'à ce que l'appareil soit épais et lisse. Ajoutez le sel et le basilic.

L'ASSEMBLAGE

Disposez une tranche de biscuit sur une assiette et imbibez-la de sirop. Appliquez une couche épaisse de crème au beurre sur toute la surface puis une poignée de mûres. Déposez la deuxième tranche de biscuit, étalez de la crème, disposez des mûres, et enfin, posez la dernière tranche de biscuit. Appliquez le glaçage à l'aide d'une spatule sur le dessus du gâteau puis sur son pourtour. Répétez l'opération jusqu'à ce que le gâteau soit bien recouvert, en le plaçant à chaque fois quelques instants au réfrigérateur pour faciliter l'application du glaçage.

LES DÉCORATIONS

Étalez la pâte à sucre aussi finement que possible. Recouvrez-en le gâteau délicatement. Avec vos mains, éliminez toutes les bulles d'air. Coupez l'excédent de pâte à la base du layer cake avec la pointe d'un couteau. À l'aide d'un pinceau, dessinez le motif confetti et laissez sécher. Préparez les fleurs en nettoyant les tiges et en les enroulant dans une feuille d'aluminium. Quand la peinture est sèche, déposez les fleurs en enfonçant les tiges au sommet du gâteau. Comme les fleurs vont vite flétrir, servez le gâteau rapidement.

CROQUEMBOUCHE
clown

POUR 6 PERSONNES – PRÉPARATION : 30 MIN – CUISSON : 15 MIN – REPOS : 30 MIN

Pour le craquelin
250 g de beurre
300 g de cassonade blonde
300 g de farine T45
4 colorants au choix

Pour la pâte à choux
750 g d'eau
12 g de sel
15 g de sucre
375 g de beurre
495 g de farine
750 à 800 g d'œufs

Pour la purée et la gelée de framboises
900 g de framboises
90 g + 45 g de sucre
450 g de purée de framboise
9 g de pectine NH

Pour le crémeux
375 g de crème
180 g du lait
12 g de thé Earl Grey
375 g de chocolat au lait
150 g de jaunes d'œufs
75 g de sucre
195 g de purée de framboise
12 g de feuille de gélatine

LE CRAQUELIN

Réalisez un beurre pommade. Ajoutez la cassonade, puis la farine. Colorez une moitié de la pâte en rouge de préférence. Divisez la pâte restante en 3 portions et colorez-les avec les 3 colorants. Étalez chaque pâte sur 2 mm d'épaisseur entre deux feuilles de papier sulfurisé. Réservez-les au congélateur. Découpez la pâte en utilisant l'emporte-pièce de 3 cm de diamètre.

LA PÂTE À CHOUX

Préchauffez le four à 180 °C. Portez l'eau à frémissement avec le sel, le sucre et le beurre. Hors du feu, ajoutez en une seule fois la farine tamisée. Remettez sur le feu et desséchez la pâte pendant 2 minutes jusqu'à ce qu'une fine pellicule se forme au fond de la casserole. Mettez le mélange dans la cuve du robot équipé du fouet plat. Faites tourner pour le refroidir avant d'incorporer les œufs légèrement battus à vitesse moyenne. Stoppez quand la pâte a un aspect satiné. Pochez 150 choux d'environ 3 cm de diamètre. Posez un disque de craquelin au-dessus. Enfournez 20 à 25 minutes environ et laissez dessécher un moment four éteint. Laissez-les refroidir, puis garnissez-les avec les crèmes parfumées.

LA PURÉE ET LA GELÉE DE FRAMBOISES

Dans une casserole, faites cuire les framboises et 90 g sucre pendant 10 minutes. Passez la purée au tamis et réservez. Mélangez la pectine et le sucre. Chauffez la purée à 60 °C. Ajoutez la pectine et le sucre en fouettant et portez à ébullition. Réservez la gelée au réfrigérateur.

LE CRÉMEUX

Faites tremper la gélatine dans un bol d'eau froide. Dans une casserole, faites cuire la crème, le lait et le thé à 80 °C. Laissez infuser pendant 15 minutes. Faites fondre le chocolat au micro-ondes. Réservez. Mélangez les jaunes d'œufs et le sucre. Passez la crème au tamis et réchauffez-la à 80 °C. Verser 1/3 du liquide chaud sur ce mélange. Mélangez bien, remettez le tout dans la casserole et faites cuire à 84 °C. Hors du feu, ajoutez la gélatine et versez sur le chocolat fondu. Faites cuire la purée de framboises à 40 °C et ajoutez-la au mélange. Versez le crémeux sur une grande plaque et réservez au réfrigérateur.

Pour la crème pâtissière
390 g de lait
180 g de crème
150 g de sucre
1 pincée de sel
9 jaunes d'œufs
48 g de Maïzena®
90 g de beurre
1 orange, 1 citron, 1 citron vert et 2 pamplemousses
9 c. à s. de gin

Pour la nougatine
450 g d'amandes effilées
450 g de sirop de glucose
750 g de fondant blanc
75 g de beurre

Pour le caramel
300 g de sucre
100 g d'eau
20 g de glucose
1 pointe de crème de tartre

Pour le dressage
Pâtes à sucre colorées

LA CRÈME PÂTISSIÈRE

Portez à ébullition le lait, la crème, les zestes des agrumes, la moitié du sucre et le sel. Faites blanchir les jaunes d'œufs avec le sucre restant et la Maïzena®. Versez 1/3 du liquide chaud sur ce mélange. Mélangez bien et remettez le tout dans la casserole. Faites cuire à feu vif tout en mélangeant énergiquement. jusqu'à épaississement. Ajoutez le beurre et le gin. Placez au réfrigérateur.

LA NOUGATINE

Dans une casserole, faites cuire le fondant et le glucose jusqu'à l'obtention d'un caramel brun. Ajoutez en 1 fois les amandes et le beurre dans le caramel. Remuez avec une cuillère en bois. Remettez sur le feu 1 minute. Étalez la nougatine entre 2 feuilles de papier de cuisson. Coupez un premier disque de 28 cm de diamètre, puis un second disque de 20 cm de diamètre. Avec la pointe d'un couteau, réalisez un nœud papillon. Si la nougatine durcit trop vite, réchauffez-la au four.

LE CARAMEL

Mélangez le sucre et l'eau et portez à ébullition. Ajoutez le sirop de glucose, la crème de tartre et faites cuire le tout à 165 °C jusqu'à l'obtention d'une couleur caramel clair. Pendant la cuisson, préparez un cul-de-poule d'eau froide. Quand la température du caramel est atteinte, trempez le fond de la casserole dans le cul-de-poule pour stopper la cuisson. Posez la casserole sur un torchon sur le plan de travail.

LE DRESSAGE

Trempez la base des choux dans le caramel et posez-les sur la nougatine pour former un cercle. À chaque nouvelle couche, faites un cercle plus petit que le précédent. Quand les choux atteignent 30 cm de hauteur, collez verticalement sur les choux le disque de nougatine de 20 cm de diamètre pour le visage du clown. Utilisez des choux rouges pour les cheveux et le nez. Posez le nœud papillon en nougatine et mettez un chou au centre. Formez des étoiles, les yeux et la bouche du clown avec la pâte à sucre.

L'OISEAU
et ses chocolats romarin et caramel gingembre

POUR 8 PERSONNES – PRÉPARATION : 1 H 30 – CUISSON : 30 MIN – REPOS : 1 H 10

Pour les chocolats romarin-huile d'olive
200 ml de crème
2 brins de romarin
30 g de sucre inverti
2 g de sel de mer
225 g de chocolat noir à 66 % de cacao
7 g de beurre
37 g d'huile d'olive

Pour le chocolat caramel-gingembre
75 g de crème
6 g de gingembre frais râpé
125 g de sucre
20 g de glucose
30 g de chocolat noir
90 g de beurre
1/2 c. à c. de sel de mer

Pour les coques en chocolat noir
500 g de chocolat noir

Pour l'oiseau en chocolat
1 kg de chocolat blanc
200 g de chocolat noir
Colorant bleu
Colorant vert
Papier guitare

Pour le dressage
Beurre de cacao
Colorant

LES CHOCOLATS ROMARIN-HUILE D'OLIVE

Versez la crème dans une casserole. Portez à ébullition. Ajoutez le romarin. Retirez du feu, couvrez avec du film alimentaire et laissez infuser 20 minutes. Passez la crème au tamis. Remettez-la dans la casserole, ajoutez le sucre inverti et portez de nouveau à ébullition. Retirez du feu. Laissez refroidir jusqu'à 70 °C. Faites fondre le chocolat haché au micro-ondes jusqu'à ce qu'il atteigne 45 °C. Versez progressivement la crème sur le chocolat en remuant sans cesse. Ajoutez le beurre et mélangez bien. Ajoutez l'huile d'olive et le sel. Remuez. Réservez.

LE CHOCOLAT CARAMEL-GINGEMBRE

Versez la crème et le gingembre dans une casserole. Portez à ébullition. Retirez du feu, couvrez avec du film alimentaire, et laissez infuser 20 minutes. Filtrez à l'aide d'un tamis. Pendant ce temps, faites chauffer le sucre et le glucose dans une casserole jusqu'à obtenir un caramel ambré. Ajoutez progressivement la crème chaude, le chocolat haché, le beurre et le sel. Mélangez jusqu'à ce que tous les ingrédients soient amalgamés. Laissez refroidir.

LES COQUES EN CHOCOLAT NOIR

Tempérez le chocolat (chauffer à 50 °C, refroidir à 28 °C, utiliser à 31 °C). Remplissez les moules de la forme de votre choix avec le chocolat. Raclez l'excédent. Tapotez les parois des moules pour expulser les bulles d'air. Retournez-les au-dessus d'un plat et tapotez le fond pour que le chocolat coule dans le plat. Retournez les moules à l'endroit et raclez l'excédent. Retournez-les sur une feuille de papier cuisson. Laissez prendre 15 minutes. Avec une cuillère, versez le caramel dans une moitié des moules et versez la ganache au romarin dans les moules restants. Versez une couche de chocolat sur les moules, puis nivelez à l'aide d'une raclette. Réservez au réfrigérateur. Démoulez les chocolats.

L'OISEAU EN CHOCOLAT

Tempérez le chocolat blanc (chauffer à 45 °C, baisser la température à 26 °C, utiliser à 29-30 °C). Colorez-le en bleu/vert. Couvrez chaque moule (2 moules chocolat demi-cercle d'environ 12 cm de diamètre et 2 moules chocolat œuf très large d'environ 30 cm de longueur) avec une couche de chocolat. Laissez prendre pendant 10 minutes et appliquez une autre couche. Mettez au réfrigérateur. Démoulez les chocolats et faites fondre les bords sur une plaque chaude. Collez les deux parties de l'œuf ensemble. Faites fondre le fond du cercle et collez-le sur l'œuf. Faites un bec avec et collez-le sur la tête. Tempérez le chocolat blanc coloré bleu/vert. Étalez-le sur du papier guitare. Utilisez un couteau pour couper la queue. Collez les éléments sur l'oiseau. Fabriquez les pattes avec le chocolat noir.

LE DRESSAGE

Utilisez un pinceau pour peindre les détails sur l'oiseau. Une fois que l'oiseau est terminé, mettez les chocolats sur la queue.

COFFRE
au trésor

POUR 8 PERSONNES – PRÉPARATION : 1 H 30 – CUISSON : 1 H 15 – REPOS : 15 MIN

Pour le biscuit pain d'épices
1124 g de farine
476 g de beurre
4 œufs
600 g de sucre
170 g de Golden Syrup®
6 c. à s. de gingembre moulu

Pour le caramel de collage
300 g de sucre
100 g d'eau
20 g de glucose
1 pointe de couteau de crème de tartre

Pour le biscuit vanille
562 g de farine
1,5 c. à s. de levure chimique
1,5 c. à c. de sel
339 g de beurre
6 œufs
600 g de sucre
2 gousses de vanille
186 g de lait fermenté
186 g de crème fraîche épaisse

Pour le sirop de vanille
150 g d'eau
100 g de sucre
1 gousse de vanille

Pour la crème au beurre
8 blancs d'œufs
500 g de sucre
1 pincée de sel
680 g de beurre
2 gousses de vanille

Pour le caramel
240 g de crème chaude
440 g de sucre
170 g de beurre

Pour le dressage
Poudre métallique or
300 g de pâte à sucre blanche
200 g de pâte à sucre jaune

LE BISCUIT PAIN D'ÉPICES

Préchauffez le four à 180°C. Mélangez la farine, le sucre et le gingembre moulu dans un grand saladier. Faites fondre le beurre et le Golden Syrup®. Laissez refroidir et ajoutez les œufs un à un. Versez le beurre sucré dans la farine et mélangez bien. Étalez la pâte entre 2 feuilles de papier cuisson. Utilisez un patron pour couper toutes les pièecss du coffre. Baissez la température du four à 150 °C et enfournez les biscuits pendant 10 à 15 minutes. Laissez refroidir.

LE CARAMEL DE COLLAGE

Mélangez le sucre et l'eau et portez à ébullition. Ajoutez le glucose, la crème de tartre et faites cuire le tout à 165 °C jusqu'à l'obtention d'une couleur caramel clair. Pendant la cuisson, préparez un cul-de-poule d'eau froide. Quand la température du caramel est atteinte, trempez le fond de la casserole dans le cul-de-poule pour stopper la cuisson puis posez la casserole sur un torchon sur le plan de travail. Utilisez le caramel pour coller ensemble les parties du coffre au trésor.

LE BISCUIT VANILLE

Préchauffez le four à 175 °C. Beurrez et farinez 3 moules rectangulaires. Placez-les sur des plaques de cuisson recouvertes de papier sulfurisé. Dans un saladier, mélangez la farine, la levure et le sel. Laissez reposer. Dans un bol, mélangez le lait fermenté et la crème fraîche épaisse. Laissez reposer. Dans un robot, mélangez le beurre (qui doit être à température ambiante) avec le sucre pendant 6 minutes. Ajoutez ensuite les œufs un par un ainsi que les graines de vanille. Mélangez 4 minutes supplémentaires. Ajoutez 1/3 de la farine à la maryse, puis la moitié du lait fermenté. Poursuivez jusqu'à ce que toute la farine et le lait soient incorporés. Répartissez l'appareil entre les 3 moules. Enfournez pour 25 à 30 minutes. Lorsqu'ils sont cuits, démoulez les gâteaux et enveloppez-les dans du film plastique. Placez-les au congélateur pour qu'ils refroidissent très rapidement.

LE SIROP DE VANILLE

Portez à ébullition tous les ingrédients puis laissez reposer. Lorsque les gâteaux sont froids, imbibez-les de ce sirop de vanille.

LA CRÈME AU BEURRE

Dans un cul-de-poule au bain-marie, mélangez vigoureusement les blancs d'œufs et le sucre jusqu'à ce qu'ils atteignent 71 °C. Hors du feu, fouettez le mélange à l'aide d'un mixeur jusqu'à ce qu'il soit complètement froid. Réglez le mixeur sur vitesse lente et ajoutez le beurre petit à petit. Continuez jusqu'à ce que la crème soit épaisse et lisse. Ajoutez le sel et la vanille.

LE CARAMEL

Sur feu moyen, faites cuire le sucre en remuant sans cesse. Lorsque le sucre est fondu, cessez de remuer et continuez de chauffer jusqu'à ce que le sucre se devienne un liquide ambré. Ajoutez la crème chaude, petit à petit. Mélangez bien et ajoutez le beurre. Laissez refroidir.

LE DRESSAGE

Dans le coffre au trésor, posez une couche de biscuit vanille, recouvrez-la avec une couche de crème au beurre et versez un peu de caramel dessus. Faites de même avec des 2 autres couches de biscuit. Étalez la pâte à sucre jaune et découpez des disques avec un emporte-pièce de 2 cm en diamètre environ. Colorez les pièces avec la poudre d'or et disposez-les dans le coffre. Formez des perles et le cadenas avec la pâte à sucre colorée avec les poudres d'or et d'argent. Posez le couvercle sur le coffre au trésor et décorez l'extérieur.

ENTREMETS
au caramel, tonka et passion

POUR 6 PERSONNES - PRÉPARATION : 2 H - CUISSON : 45 MIN - RÉFRIGÉRATION : 3 H

Pour le caramel aux fruits de la passion
50 g de sucre
12 g de glucose
25 g de crème fraîche
50 g de purée de fruits de la passion
20 g de beurre
20 g de beurre de cacao
100 g de chocolat blanc

Pour la mousse au rhum, caramel et tonka
225 g de chocolat au lait au caramel
3 g de feuilles de gélatine
15 g de rhum
1 g de fève de tonka râpée
300 g de crème liquide entière à 35 % de MG

Pour le sablé petit-beurre
125 g de beurre
45 g de sucre glace
1 g de sel fin
120 g de farine

Pour le glaçage miroir blanc
75 g d'eau
150 g de sucre
150 g de sirop de glucose
150 g de lait concentré non sucré
150 g de chocolat blanc
50 g de nappage neutre
10 g de gélatine
1 pincée de colorant rose, violet, vert et bleu
2 c. à c. de colorant blanc

LE CARAMEL AUX FRUITS DE LA PASSION

Dans une casserole, chauffez le sucre et le glucose jusqu'à obtenir un caramel clair. Pendant ce temps, chauffez la crème fraîche et la purée de fruits de la passion à 60 °C. Lorsque le caramel a pris une couleur un peu orangée, arrêtez le feu et versez dessus la crème et la purée petit à petit. Mélangez bien. Laissez le caramel refroidir à 50 °C. Mettez le beurre, le beurre de cacao et le chocolat blanc dans un saladier. Chauffez-les au micro-ondes pendant 1 minute mais stoppez toutes les 20 secondes pour remuer. Versez 1/3 du caramel sur le chocolat et mélangez bien. Recommencez cette opération jusqu'à avoir ajouté tout le caramel. Fouettez bien pour obtenir un caramel épais. Versez-le dans 6 cercles légèrement plus petits que les moules des mousses. Mettez au congélateur au moins 1 heure.

POUR LA MOUSSE AU RHUM, CARAMEL, TONKA

Trempez la gélatine dans un bol d'eau froide. Hachez le chocolat et faites-le fondre doucement au bain-marie en remuant de temps en temps. Fouettez 200 g de crème pour lui donner une texture souple et mousseuse. Réservez au réfrigérateur. Dans une casserole, chauffez 100 g de crème et la fève de tonka râpée. Hors du feu, ajoutez la gélatine essorée et le rhum. Ajoutez ce mélange en 2 fois au chocolat fondu et mélangez énergiquement. Assurez-vous que le chocolat soit à 45-50 °C, puis utilisez une maryse pour incorporez la crème montée. Remplissez les moules aux 3/4 avec la mousse. Prenez les caramels congelés et, si nécessaire, coupez-les pour qu'ils soient un peu plus petits que le moule. Placez les caramels au-dessus de la mousse et pressez-les légèrement pour que la mousse recouvre les côtés de l'insert. Placez au congélateur au moins 2 heures.

LE SABLÉ PETIT-BEURRE

Préchauffez le four à 170 °C.
Travaillez le beurre avec une maryse pour le rendre pommade. Ajoutez le sucre, le sel et la farine. Mélangez pour obtenir une pâte bien lisse. Étalez la pâte au rouleau entre 2 feuilles de papier sulfurisé. Laissez-la reposer au congélateur pendant 15 minutes. Sortez la pâte du congélateur et découpez 6 formes de la même taille que les moules. Enfournez pour 25 minutes.

LE GLAÇAGE MIROIR BLANC

Faites tremper la gélatine dans un bol d'eau froide. Dans une casserole, faites bouillir l'eau, le sucre, le glucose et le colorant blanc. Versez ce mélange sur le lait concentré et le chocolat blanc mélangés. Remuez bien et ajoutez la gélatine essorée ainsi que le nappage neutre. Divisez le mélange en 4 petits bols et colorez chaque bol d'une couleur. Laissez refroidir à 35 °C.

LE DRESSAGE

Sortez les gâteaux du congélateur et démoulez-les. Déposez les gâteaux sur une grille avec une plaque en dessous. Versez un peu de glaçage de chaque couleur sur les gâteaux. Laissez couler et placez ensuite les gâteaux sur les sablés petit-beurre. Laissez décongeler complètement avant de déguster.

LE CACTUS *démoniaque*

POUR 8 PERSONNES – PRÉPARATION : 1 H 30 – CUISSON : 40 MIN – REPOS : 20 MIN

Pour le gâteau chocolat-betterave
500 g de purée de betterave
400 g de chocolat noir
120 g d'expresso
400 g de beurre
270 g de farine
67 g de poudre de cacao
2,5 c. à c. de levure chimique
10 œufs
1 pincée de sel
400 g de sucre en poudre

Pour le cactus et le serpent
30 g de beurre
200 g de riz soufflé
100 g de chocolat noir
200 g de guimauve
20 g d'huile
200 g de pâte à sucre blanche
600 g de pâte à sucre verte
Colorants noir et rouge

Pour le glaçage au chocolat
510 g de beurre
180 g de sucre glace
90 g de poudre de cacao
120 g d'eau chaude
120 g de crème fraîche épaisse
1 gousse de vanille
1 pincée de sel
290 g de chocolat noir fondu

Pour le dressage
300 g de framboises

LE GÂTEAU CHOCOLAT-BETTERAVE

Préchauffez le four à 180 °C. Beurrez deux cercles de pâtisserie de 20 cm de diamètre et placez-les sur un plateau recouvert de papier cuisson. Faites fondre le chocolat au bain-marie. Versez l'expresso sur le chocolat fondu, mélangez, puis ajoutez le beurre pommade. Dans un autre récipient, tamisez la farine, la poudre de cacao, le sel et la levure chimique. Retirez le bol de chocolat du feu et remuez jusqu'à ce que le beurre soit fondu. Laissez refroidir pendant quelques minutes. Séparez les blancs des jaunes d'œufs puis incorporez les jaunes au mélange de chocolat fondu. Mélangez le tout énergiquement. Incorporez la purée de betterave. Dans un mixeur, fouettez les blancs d'œufs tout en ajoutant progressivement le sucre. Incorporez ensuite ce mélange dans le chocolat. Enfin, ajoutez la farine et le cacao en poudre. Répartissez uniformément l'appareil entre les deux cercles de pâtisserie et lissez le dessus. Baissez la température du four à 160 °C et enfournez pour 40 minutes environ. Laissez les gâteaux refroidir complètement.

LE CACTUS ET LE SERPENT

Faites fondre le beurre, les guimauves et le chocolat dans une casserole à feu doux. Lorsque le mélange est fondu, ajoutez le riz soufflé et mélangez. Sur une grande feuille de papier cuisson, dessinez la forme du cactus. Enduisez vos mains d'huile végétale et sculptez la forme du cactus sur le papier. Enfoncez une brochette en bois à la verticale du centre et à travers les bras pour aider à stabiliser le cactus. Placez-le au congélateur pour qu'il prenne. Pour décorer le cactus, recouvrez les deux côtés du cactus avec la pâte à sucre verte. Dessinez les yeux et la bouche avec le reste de pâte à sucre et peignez-les avec du colorant. Utilisez de la colle alimentaire pour les fixez sur le cactus. Réalisez un serpent en pâte à sucre et peignez-le avec les colorants noir et rouge mélangés avec un peu d'alcool.

LE GLAÇAGE AU CHOCOLAT

Dans un mixeur, battez le beurre à vitesse moyenne environ 6 minutes, jusqu'à ce qu'il devienne pâle et mousseux. Dans un autre récipient, tamisez le sucre glace et le cacao en poudre. Réduisez la vitesse du mixeur au maximum, et ajoutez le sucre glace, la poudre de cacao, l'eau chaude, la crème fraîche, les graines de la vanille et le sel. Battez légèrement jusqu'à incorporation totale de tous les ingrédients, environ 1 minute. Augmentez légèrement la vitesse du mixeur et battez pendant 2 minutes. Ajoutez ensuite le chocolat fondu et continuez de mélanger à vitesse moyenne jusqu'à obtenir une consistance lisse (environ 1 minute). Placez au réfrigérateur jusqu'à ce que le gâteau ait refroidi.

LE DRESSAGE

Coupez les 2 gâteaux horizontalement par le milieu de sorte à obtenir 4 gâteaux identiques. Empilez 3 des gâteaux les uns sur les autres et découpez-les pour que la partie supérieure soit plus large que le fond. Utilisez l'emporte-pièce pour couper le centre de ces gâteaux. Réservez ces morceaux qui serviront à réaliser le socle du cactus. Couvrez uniformément la surface de la première tranche de gâteau avec le glaçage chocolat. Déposez une poignée de framboises sur le dessus, puis recouvrez avec la tranche suivante. Répétez l'opération sur les 2 autres tranches. Placez le serpent au centre du gâteau, puis utilisez une spatule ou « l'icing smoother » pour lisser une fine couche de glaçage de manière uniforme tout autour du gâteau. Laissez prendre au congélateur. Recouvrez la quatrième tranche de gâteau d'une couche lisse de glaçage puis placez-la au réfrigérateur. Lorsque la première couche de glaçage a durci sur l'empilement des trois premiers gâteaux, appliquez une couche plus épaisse, puis placez la quatrième tranche sur le dessus. Prenez les morceaux de gâteau découpés à la première étape et émiettez-les sur le dessus de manière à donner l'effet d'un sol. Enfin, placez le cactus sur le dessus.

CHEESECAKE VEGAN
au cassis et noix de coco

POUR 6 PERSONNES - PRÉPARATION : 20 MIN - RÉFRIGÉRATION : 1 H

Pour la pâte
150 g de noisettes
10 dattes dénoyautées

Pour le cheesecake
225 g de noix de cajou trempées dans l'eau pendant 24 heures
78 ml de miel
125 ml d'huile de noix de coco
250 ml de purée de cassis

Pour le dressage
Des framboises séchées
Des fleurs comestibles séchées

LA PÂTE

Broyez les noisettes et les dattes pendant 2 minutes. Lorsque le mélange commence à former une boule un peu collante, arrêtez le mixeur. Recouvrez une plaque avec du papier cuisson et déposez un cercle de pâtisserie d'environ 15 cm de diamètre sur la plaque. Coupez une bande de papier guitare ou cuisson et collez-la sur l'intérieur du cercle de pâtisserie. Versez le mélange de noisettes et de dattes dans le cercle et nivelez la surface avec vos doigts. Réservez au frais.

LE CHEESECAKE

Rincez et séchez les noix de cajous et mettez-les dans un mixeur avec tous les autres ingrédients du cheesecake. Mixez jusqu'à l'obtention d'une pâte bien lisse. Versez le mélange obtenu sur la pâte et utilisez une spatule pour lisser l'ensemble. Décorez avec les fleurs et les fruits séchés et réservez au congélateur pendant 1 heure.

LE DRESSAGE

Sortez le gâteau du congélateur et démoulez-le. Servez et dégustez bien froid.

UNE JOURNÉE
à la « great barrier reef »

POUR 8 PERSONNES – PRÉPARATION : 2 H – CUISSON : 45 MIN – REPOS : 20 MIN

Pour la génoise
450 g de farine
3 c. à c. de levure chimique
1 pincée de sel
250 g de beurre
420 g de sucre en poudre
6 œufs
400 g de lait de coco
4 c. à s. de liqueur de noix de coco

Pour le sirop de Malibu
100 g de liqueur de noix de coco
100 g d'eau

Pour la crème de citron vert
4 à 6 citrons verts
2 œufs entiers
4 jaunes d'œufs
200 g de sucre en poudre
60 g de beurre

Pour la crème au beurre
210 g de blancs d'œufs
454 g de beurre
3 c. à s. de liqueur de noix de coco
2 gousses de vanille
300 g de sucre
1 pincée de sel

Pour le dressage
1 stylo alimentaire noir
1 pot de colle alimentaire
200 g de pâte à sucre violette
200 g de pâte à sucre bleu foncé
40 g de pâte à sucre noire
50 g de pâte à sucre caramel
20 g de pâte à sucre rouge
20 g de pâte à sucre couleur peau

LA GÉNOISE
Préchauffez le four à 175 °C. Beurrez et farinez 2 moules à manquer de 16 cm de diamètre. Mélangez la farine avec la levure et le sel. Dans un autre récipient, fouettez le beurre et le sucre jusqu'à l'obtention d'un mélange clair et crémeux. Ajoutez les œufs un à un, en fouettant bien entre chaque ajout. Incorporez la moitié du mélange sec et la moitié du lait de coco. Mélangez puis incorporez le restant du mélange sec et du lait de coco, ainsi que la liqueur à la noix de coco jusqu'à obtenir une pâte homogène. Répartissez la pâte dans les moules, enfournez pour 20 minutes. Laissez les biscuits refroidir. Démoulez-les sur une grille et réservez.

LE SIROP DE MALIBU
Portez à ébullition le mélange des 2 ingrédients et laissez reposer.

LA CRÈME DE CITRON VERT
Zestez 2 citrons verts et extrayez le jus de 4. Au bain-marie, chauffez et remuez constamment le mélange d'œufs, de jaunes d'œufs, de sucre et de jus de citron jusqu'à ce qu'il devienne épais ou atteigne 84 °C.
Ôtez du feu et ajoutez le beurre en dés en mélangeant jusqu'à obtenir un appareil homogène. Réservez au réfrigérateur.

LA CRÈME AU BEURRE
Faites cuire les blancs d'œufs et le sucre au bain-marie en mélangeant régulièrement, jusqu'à ce que la température atteigne 71 °C. Retirez du feu et à l'aide d'un batteur, fouettez le tout jusqu'à ce que les œufs reviennent à température ambiante. Réglez le batteur sur à la vitesse minimim et ajoutez lentement le beurre. Continuez de mélanger jusqu'à ce que l'appareil soit homogène. Enfin, ajoutez la liqueur à la noix de coco, le sel et les graines des gousses de vanille.

LE DRESSAGE
Coupez les 2 gâteaux horizontalement de sorte à obtenir 4 gâteaux identiques. Imbibez-les de sirop. Créez un barrage (un rebord tout autour de la couche supérieure du premier gâteau) avec la crème au beurre à l'aide d'une grosse douille ronde. Dessinez un autre cercle plus petit de crème au beurre. Déposez la crème de citron au centre du gâteau et répartissez uniformément avec un couteau. Répétez l'opération sur les autres gâteaux. Couvrez le gâteau avec la crème au beurre restante. Utilisez un couteau à palette et un racleur carré pour obtenir une couche aussi lisse que possible. Laissez reposer au réfrigérateur.

LA DÉCORATION
Formez 2 boudins avec les pâtes à sucre bleue et violette et enroulez-les l'un avec l'autre. Saupoudrez le plan de travail de sucre glace. Roulez les pâtes à sucre dedans et applatissez-les de sorte à créer un effet marbré. Couvrez le gâteau avec la pâte à sucre. Lissez le dessus et les côtés. Coupez l'excès de pâte à sucre. Utilisez les autres couleurs pour créer une nageuse. Utilisez la colle pour accrocher la nageuse sur le gâteau. Ajoutez les détails nécessaires. Finissez en entourant la base du gâteau avec une corde de pâte à sucre caramel composée de deux lignes enroulées ensembles.

kMix

MES
frenchies

TARTE Bourdaloue

POUR 6 À 8 PERSONNES - PRÉPARATION : 40 MIN - CUISSON : 1 H 15 - CONGÉLATION : 1 H

Pour les poires pochées
4 poires Conférence
750 ml d'eau
250 g de sucre
1 bâton de cannelle
4 clous de girofle
5 grains de poivre noir
1/2 gousse de vanille
1/2 citron
2 anis étoilés

Pour la pâte d'amandes
45 g de poudre d'amandes
45 g de sucre glace
1 goutte d'essence d'amande amère
1/2 gousse de vanille
9 g de blancs d'œufs

Pour la crème légère aux amandes
6 g de gélatine
200 g de crème
200 ml de lait
3 jaunes d'œufs
40 g de sucre

Pour la pâte au « shortbread »
125 g de beurre
50 g de sucre en poudre
150 g de farine
45 g de farine de riz

Pour le glaçage miroir
75 ml d'eau
150 g de sucre
150 ml de sirop de glucose
150 g de lait concentré sucré
150 g de chocolat blanc
50 g de nappage neutre
10 g de gélatine
2 c. à c. de colorant blanc (oxyde de titane)

Pour la peinture
70 g de beurre de cacao

Pour le dressage
50 g d'amandes effilées

LES POIRES POCHÉES

Coupez les poires en dés. Portez-les à ébullition avec les autres ingrédients puis baissez le feu. Lorsque les poires sont tendres, retirez-les du liquide et laissez-les refroidir.

LA PÂTE D'AMANDES

Mixez les ingrédients au robot pendant 1 minute pour obtenir une pâte homogène et ferme.

LA CRÈME LÉGÈRE AUX AMANDES

Faites tremper la gélatine dans un bol d'eau froide. Plongez la pâte d'amandes dans le lait porté à ébullition sur feu moyen. Fouettez les jaunes d'œufs et le sucre. Lorsque le lait bout, versez-le sur les jaunes d'œufs tout en fouettant. Faites cuire le tout dans une casserole à feu doux sans cesser de fouetter jusqu'à ce que le mélange atteigne 84 °C. Hors du feu, incorporez la gélatine essorée et mélangez au fouet. Versez la crème obtenue sur une plaque, couvrez avec du film alimentaire et placez-la au congélateur pour qu'elle refroidisse rapidement.
Réalisez une crème fouettée et versez-en une partie dans la crème aux amandes froide. Mélangez bien et versez le tout dans la crème fouettée restante. Mélangez à la maryse puis ajoutez les poires pochées. Posez le cercle à pâtisserie de 22 cm sur une plaque recouverte de papier cuisson et celui de 9 cm en son centre. Disposez une bande de Rhodoïd sur la surface intérieure du grand cercle et une autre autour du petit cercle. Remplissez avec la crème aux amandes et lissez la surface. Réservez au froid.

LA PÂTE AU « SHORTBREAD »

Préchauffez le four à 150 °C.
Battez le beurre et le sucre jusqu'à ce que le mélange soit pâle et crémeux. Ajoutez petit à petit les farines. Malaxez puis placez la pâte sur une surface légèrement farinée et pétrissez pendant 5 minutes. Étalez la pâte au rouleau entre 2 feuilles de papier sulfurisé. À l'aide des cercles à pâtisserie, détaillez un premier disque de 22 cm de diamètre dans la pâte, puis un second de 9 cm de diamètre en son centre. Ôtez le centre de ce disque et l'excès de pâte. Enfournez pour 45 minutes.

LE GLAÇAGE MIROIR

Faites tremper la gélatine dans un bol l'eau froide. Faites bouillir l'eau, le sucre et le glucose. Versez sur le lait concentré et le chocolat blanc. Mélangez bien et ajoutez la gélatine essorée ainsi que le nappage neutre et le colorant. Laissez refroidir jusqu'à 35 °C.

LA PEINTURE

Faites fondre le beurre de cacao et répartissez-le en 2 petits bols. Mélangez le colorant bleu dans un bol et le jaune dans l'autre. Réservez.

LE DRESSAGE

Sortez le gâteau du congélateur et démoulez-le. Lissez la surface avec une spatule en métal chaude. Déposez le gâteau sur une grille et versez le glaçage. Utilisez un pinceau pour faire des « éclaboussures » de beurre de cacao coloré sur le gâteau. Placez ensuite le gâteau sur la pâte au shortbread. Appliquez des amandes effilées tout autour de la base du gâteau. Laissez décongeler complètement avant de déguster.

LOCAL & FRESH
GREEN MARKET
QUALITY FREIGHT

APPLE PIE
choux

POUR 4 À 6 CHOUX – PRÉPARATION : 40 MIN – CUISSON : 1 H – REPOS-RÉFRIGÉRATION : 30 MIN

Pour le sablé petit-beurre au gingembre
125 g de beurre pommade
45 g de sucre glace
7 g de sel
120 g de farine
3 c. à c. de gingembre moulu

Pour la crème pâtissière aux Granny Smith
2 pommes Granny Smith
250 ml de jus de pommes
1 gousse de vanille
3 jaunes d'œufs
20 g de Maïzena®
25 g de sucre en poudre

Pour le craquelin
50 g de beurre
60 g de cassonade
60 g de farine
Colorant vert

Pour la pâte à choux
150 ml d'eau
100 ml de lait
5 g de sucre semoule
5 g de sel
110 g de beurre
140 g de farine
300 g d'œufs

Pour la crème chantilly
200 ml de crème liquide à 35 % de MG
30 g de sucre glace
1/2 c. à c. de gingembre
1/2 c. à c. de cannelle

Pour le dressage
100 g de sucre
Fondant brun et vert

LE SABLÉ PETIT-BEURRE AU GINGEMBRE

Préchauffez le four à 180 °C.
Mélangez tous les ingrédients jusqu'à l'obtention d'une pâte bien lisse. Étalez la pâte au rouleau entre 2 feuilles de papier sulfurisé. Réservez-la au congélateur pendant 15 minutes, puis découpez 6 carrés. Enfournez pour 20 minutes.

LA CRÈME PÂTISSIÈRE AUX GRANNY SMITH

Faites chauffer le jus de pomme et les graines de la vanille sans atteindre l'ébullition. Mélangez les jaunes d'œuf, le sucre en poudre et la Maïzena®. Versez une moitié du jus de pomme chaud sur l'appareil, puis faites cuire à feu doux en remuant jusqu'à ce que la crème commence à épaissir. Couvrez la crème avec du film alimentaire et laissez-la refroidir complètement au réfrigérateur. Lorsque la crème est froide, ajoutez les petits dés de pommes crues.

LE CRAQUELIN

Mélangez le beurre et la cassonade. Incorporez la farine et le colorant et mélangez. Façonnez la pâte en boule. Étalez-la sur 2 à 3 mm d'épaisseur, entre 2 feuilles de papier sulfurisé, et placez-la au congélateur.

LA PÂTE À CHOUX

Préchauffez le four à 180 °C sans ventilation.
Faites cuire l'eau, le lait, le sucre semoule, le sel et le beurre coupé en morceaux à feu moyen. Lorsque le beurre est complètement fondu et le mélange bien chaud, éteignez le feu. Versez la farine en pluie et mélangez à la spatule jusqu'à ce qu'elle soit totalement absorbée. Remettez la casserole sur feu moyen. Mélangez encore 1 minute afin de dessécher la pâte puis déposez-la dans la cuve du robot. Incorporez les œufs les uns après les autres, tout en mélangeant à vitesse moyenne. La pâte ne doit être ni trop molle ni trop dure. Mettez la pâte dans une poche à douille et réalisez des petites boules de pâte sur une plaque de cuisson antiadhésive. Découpez le craquelin en cercles de même diamètre que les choux et recouvrez-les. Enfournez pour 25 à 35 minutes.

LA CRÈME CHANTILLY

Fouettez la crème en y versant petit à petit le sucre. Ajoutez la cannelle et le gingembre.

LE DRESSAGE

Ouvrez les choux en 2 dans le sens horizontal. Faites fondre le sucre pour obtenir un caramel. Collez la partie inférieure des choux sur le petit sablé avec le caramel. Remplissez les choux de crème pâtissière et de chantilly. Refermez-les avec la moitié supérieure du chou et formez la branche et une feuille de la pomme avec du fondant brun et vert.

ÉCLAIRS
fraisier

POUR 7 ÉCLAIRS – PRÉPARATION : 40 MIN – CUISSON : 50 MIN – CONGÉLATION : 2 H

Pour le craquelin
100 g de beurre pommade
120 g de cassonade blonde
120 g de farine T45

Pour la pâte à choux
15 cl d'eau
10 cl de lait
5 g de sucre semoule
5 g de sel
110 g de beurre
160 g de farine T45
4 œufs

Pour la crème mousseline
750 ml de lait
160 g de sucre
110 g de jaunes d'œufs (4 œufs)
30 g de farine
30 g de Maïzena®
1 gousse de vanille
500 g de beurre

Pour le fondant pâtissier
800 g de fondant pâtissier blanc
Colorant rouge
60 g de sucre
50 g d'eau

Pour le dressage
800 g de fraises
Des petites fleurs en sucre

LE CRAQUELIN

Dessinez un patron de la forme souhaitée sur du papier cartonné et découpez-le.
Mélangez le beurre, la cassonade et la farine. Façonnez la pâte en boule et étalez-la sur 2 à 3 mm d'épaisseur entre 2 feuilles de papier sulfurisé. Découpez 14 formes identiques dans la pâte à l'aide du patron. Répétez l'opération pour avoir 14 formes identiques. Placez le tout au congélateur.

LA PÂTE À CHOUX

Préchauffez le four à 180 °C. Couvrez 2 ou 3 plaques avec du papier cuisson. Tracez 14 formes sur le papier grâce au patron. Faites chauffer à feu moyen l'eau, le lait, le sucre semoule, le sel et le beurre coupé en morceaux jusqu'à ce que le beurre soit complètement fondu. Versez la farine en pluie tout en remuant à l'aide d'une spatule et mélangez jusqu'à ce qu'elle soit totalement incorporée. Remettez la casserole sur feu moyen et mélangez pendant 1 minute afin de dessécher la pâte, puis déposez-la dans la cuve du robot. Incorporez les œufs un à un, tout en mélangeant à vitesse moyenne. La pâte ne doit être ni trop molle ni trop dure. Pochez la préparation avec une douille lisse en suivant les formes dessinées. Placez un morceau de craquelin sur chacun des éclairs. Enfournez pour 25 à 35 minutes selon la taille des choux.

LA CRÈME MOUSSELINE

Faites infuser les graines de vanille grattées dans le lait tiède pendant 10 minutes puis portez-le à ébullition. Mélangez les jaunes d'œufs avec le sucre à part et ajoutez la farine et la Maïzena® tamisées. Versez le lait bouillant sur le mélange d'œufs. Mélangez au fouet et remettez à cuire une bonne minute sans cesser de remuer. La crème doit épaissir. Débarrassez dans un cul-de-poule et ajoutez la moitié du beurre. Versez sur une plaque pour faciliter le refroidissement. Filmez au contact et mettez au frais. Quand la crème est à environ 16/18 °C, crémez le reste du beurre au robot et ajoutez progressivement la crème. Réservez.

LE FONDANT PÂTISSIER

Faites bouillir l'eau et le sucre dans une casserole pendant 1 à 2 minutes puis laissez refroidir jusqu'à 30 °C. Faites cuire doucement le fondant et le colorant au bain-marie. Stoppez le feu lorsque le mélange est à 35 °C. Ajoutez petit à petit une partie du sirop jusqu'à l'obtention de la consistance recherchée. Maintenez le mélange à 35 °C jusqu'à utilisation.

LE DRESSAGE

Coupez les éclairs en deux horizontalement et à l'aide d'une poche à douille, remplissez-les de crème mousseline. Coupez les fraises en dés et disposez-les sur la couche de crème mousseline. Étalez le fondant à la spatule sur le dessus des éclairs. Décorez avec les fleurs en sucre.

PROFITEROLES
aux cacahuètes

POUR 6 PROFITEROLES – PRÉPARATION : 40 MIN – CUISSON : 30 MIN – CONGÉLATION : 2 H

Pour le praliné de cacahuètes
225 g de cacahuètes grillées et salées
187 g de sucre

Pour la glace au chocolat et cacahuètes
500 ml de lait
150 g de crème
100 g de jaunes d'œufs (6 œufs)
85 g de sucre en poudre
50 g de poudre de cacao
75 g de chocolat noir
8 ml d'huile de cacahuètes

Pour la pâte à choux
75 ml d'eau
50 ml de lait
2,5 g de sucre
2,5 g de sel
55 g du beurre
70 g de farine
125 g d'œufs (3 œufs)

Pour le chocolat tempéré
500 g de chocolat noir
2 feuilles de papier acétate

Pour la chantilly
400 g de crème
45 g de sucre glace
1 gousse de vanille

Pour le dressage
Du colorant en poudre couleur cuivre métallisé

LE PRALINÉ DE CACAHUÈTES

Mélangez les cacahuètes et le sucre à feu moyen sans cesser de remuer pendant environ 15 minutes. Lorsque tout le sucre est fondu et que les cacahuètes sont enrobées d'un caramel foncé, versez-les sur du papier cuisson et laissez refroidir.

LA GLACE AU CHOCOLAT ET CACAHUÈTES

Réduisez en poudre 175 g de praliné avec l'huile de cacahuètes. Blanchissez les jaunes d'œufs avec le sucre, puis ajoutez la poudre de cacao. Portez à ébullition le lait et la crème. Versez la moitié du lait chaud sur les jaunes d'œufs et mélangez jusqu'à ce que la préparation soit homogène, puis ajoutez le reste du lait et remettez sur le feu tout en mélangeant jusqu'à ce que le tout atteigne 84 °C. Hachez le chocolat en petits morceaux. Versez le mélange chaud sur le chocolat et remuez jusqu'à ce que tout le chocolat ait fondu. Ajoutez 85 g de la poudre de praliné et placez au congélateur. Dès que le mélange de glace devient bien froid, versez-le dans une sorbetière avec la poudre de praliné restante. Recouvrez 6 cercles de pâtisserie de 8 cm de diamètre avec du film plastique ou une bande de Rhodoïd. Une fois que la glace est prête, remplissez chaque cercle uniformément. Placez-les dans le congélateur.

LA PÂTE À CHOUX

Préchauffez le four à 180 °C.
Faites chauffer l'eau, le lait, le sucre, le sel et le beurre coupé en morceaux à feu moyen jusqu'à ce que le beurre soit complètement fondu. Versez la farine en pluie tout en remuant à l'aide d'une spatule jusqu'à ce qu'elle soit totalement absorbée, puis remettez la casserole sur feu moyen. Mélangez 1 minute afin de dessécher la pâte. Incorporez les œufs un par un, tout en mélangeant rapidement. Remplissez une poche à douille avec la pâte à choux.

Couvrez une plaque avec du papier cuisson et dessinez 12 cercles à l'aide d'un emporte-pièce. Remplissez l'intérieur des cercles avec une fine couche de pâte à choux. Recouvrez d'une autre feuille de papier cuisson et d'une autre plaque pour que la pâte ne lève pas trop. Enfournez pour 10 à 15 minutes, jusqu'à ce qu'ils soient bien dorés. Laissez refroidir et utilisez l'emporte-pièce de 8 cm pour tailler des disques bien réguliers.

LE CHOCOLAT TEMPÉRÉ

Faites fondre la moitié du chocolat haché au bain-marie en remuant régulièrement jusqu'à ce qu'il atteigne 45 à 50 °C. Retirez du feu et ajoutez progressivement l'autre moitié du chocolat finement haché sans cesser de remuer jusqu'à ce que le chocolat haché ait fondu, que le mélange épaississe et qu'il refroidisse à 31-32 °C. Étalez une fine couche de chocolat sur le papier acétate. Laissez prendre presque complètement dans un endroit frais et sec. Découpez 6 disques à l'emporte-pièce de 8 cm et des petits disques dans le reste de la plaque à l'aide de l'extrémité d'une douille en métal.

LA CHANTILLY

Faites monter la crème au robot en ajoutant petit à petit le sucre glace et la vanille. Lorsqu'elle est épaisse, remplissez une poche à douille munie d'une douille n° 199 avec cette préparation. Réservez au frais.

LE DRESSAGE

Mettez la glace entre deux couches de pâte à choux. Pochez des dômes de chantilly au-dessus. Couvrez le tout avec un disque de chocolat et décorez avec d'autres dômes de chantilly surmontés de petits disques de chocolat et de morceaux de praliné. Enfin saupoudrez de colorant en poudre.

TARTELETTES
aux framboises

POUR 6 TARTELETTES - PRÉPARATION : 1 H - CUISSON : 35 MIN - RÉFRIGÉRATION : 2 H 30

Pour la pâte brisée
200 g de farine
70 g de beurre, froid et en cubes
1 g de sel
70 g de sucre glace
50 g d'œufs

Pour la crème pâtissière
195 ml de lait
90 g de crème
75 g de sucre
4 jaunes d'œufs
25 g de Maïzena®
45 g de beurre
1 pincée de sel
1 gousse de vanille

Pour la gelée de framboises
125 g de framboises
1/2 c. à c. d'agar-agar
2 c. à s. de sucre glace
1 c. à s. d'eau

Pour la compotée de framboises
400 g de framboises
110 g de sucre
4 g de gélatine

Pour le dressage
400 g de framboises
Des fleurs comestibles (facultatif)
1 feuille d'or (facultatif)

LA PÂTE BRISÉE

Réalisez une pâte brisée (voir page 114).

LA CRÈME PÂTISSIÈRE

Portez à ébullition le lait, la crème, la moitié du sucre, les graines de la vanille et le sel. Blanchissez les jaunes d'œufs, le reste du sucre et la Maïzena®. Versez 1/3 du liquide chaud sur cette préparation. Mélangez bien puis remettez le tout dans la même casserole à feu vif sans cesser de remuer jusqu'à ce que le mélange épaississe. À partir de l'ébullition, comptez 90 secondes de cuisson. Ajoutez le beurre, mélangez et laissez refroidir au réfrigérateur.

LA GELÉE DE FRAMBOISES

Mixez les framboises avec le sucre glace et l'eau. Tamisez le mélange pour enlever les grains et versez le tout dans une casserole. Ajoutez l'agar-agar et portez à ébullition. Laissez refroidir.

LA COMPOTÉE DE FRAMBOISES

Trempez les feuilles de gélatine dans un bol d'eau froide. Faites cuire à feu doux les framboises avec le sucre pendant 20 minutes. Arrêtez le feu puis ajoutez la gélatine essorée et mélangez bien. Laissez refroidir 10 minutes et versez la préparation dans les fonds de tartes.

LE DRESSAGE

Pochez la crème pâtissière sur la couche de compotée avec une douille de 10 mm de diamètre. Lissez-la en forme de dôme avec une spatule et recouvrez de framboises à l'envers, trou vers le haut. Remplissez les trous de gelée de framboise avec une poche à douille. Décorez avec des fleurs et la feuille d'or.

VACHERINS
sésame noir et thé matcha

POUR 6 VACHERINS – PRÉPARATION : 40 MIN – CUISSON : 45 MIN – CONGÉLATION : 2 H

Pour la glace au sésame noir
150 g de sésame noir
1 c. à s. de miel
450 g de lait
3 jaunes d'œufs
112 g de sucre en poudre
450 g de crème liquide
1 ou 2 gousses de vanille

Pour la meringue
300 g de sucre
150 g de blancs d'œufs
1/4 c. à s. de crème de tartre
2 c. à s. de graines de sésame noir
1 c. à c. de matcha

Pour la chantilly
1/2 c. à c. de matcha
300 ml de crème
30 g de sucre glace
1 gousse de vanille

LA GLACE AU SÉSAME NOIR

Torréfiez les graines de sésame dans une poêle jusqu'à ce que l'odeur se diffuse. Mélangez-les avec le miel dans un blender et mixez-les finement. Laissez reposer.
Réalisez une crème anglaise. Pour ce faire, faites cuire le lait, la vanille et la moitié des graines de sésame. Dans un bol, mélangez les jaunes d'œufs et le sucre. Versez la moitié du mélange chaud sur les œufs battus, mélangez bien puis reversez dans la même casserole. Faites chauffer sans cesser de remuer jusqu'à ce que le mélange atteigne 84 °C. Laissez refroidir complètement.
Réalisez une crème fouettée et incorporez-la délicatement à la crème anglaise. Placez l'appareil dans la sorbetière pour 20 minutes puis versez la glace dans 6 moules rectangulaires recouverts de film alimentaire (12 cm x 15 cm). Mettez au congélateur.

LA MERINGUE

Dans une casserole, faites chauffer lentement le sucre sans qu'il fonde. Pendant ce temps, montez les blancs d'œufs en neige. Lorsqu'ils sont mousseux, ajoutez graduellement le sucre chaud. Continuez à battre les œufs jusqu'à ce que tout le sucre soit dissous. Réglez le batteur sur vitesse lente et ajoutez la crème de tartre et la poudre de matcha.
Préchauffez le four à 120 °C.
Dessinez 12 rectangles (12 x 5 cm) sur du papier cuisson. Avec une poche à douille fine (n° 2), remplissez délicatement les rectangles. En utilisant une douille plus large, dessinez de longues lignes et parsemez-les de graines de sésame. Faites cuire les meringues jusqu'à ce qu'elles soient croustillantes (environ 40 minutes).

LA CHANTILLY

Dans un robot, faites monter la crème en ajoutant progressivement le sucre et les graines de vanille puis incorporez la poudre de thé matcha. Réservez.

LE DRESSAGE

Recouvrez un des rectangles de meringue avec un rectangle de glace, puis un autre rectangle de meringue. Placez la chantilly sur le haut du gâteau et décorez avec des bâtonnets de meringue-sésame. Répétez l'opération pour les autres gâteaux.

TARTELETTES
au citron meringuées

POUR 6 TARTELETTES - PRÉPARATION : 1 H - CUISSON : 30 MIN - RÉFRIGÉRATION : 2 H 30

Pour la pâte brisée
200 g de farine
70 g de beurre froid et en cubes
1 g de sel
70 g de sucre glace
50 g d'œuf

Pour la crème au citron
Le jus de 4 citrons
Les zestes de 2 citrons
4 œufs
300 g de beurre en dés à température ambiante
240 g de sucre en poudre

Pour la meringue italienne
100 g de blancs d'œufs
80 g d'eau
250 g de sucre

LA PÂTE BRISÉE

Réalisez une pâte brisée (voir page 114).

LA CRÈME AU CITRON

Dans un bain-marie, chauffez le jus et les zestes des citron, le sucre et les œufs sans cesser de remuer jusqu'à ce que le mélange devienne épais ou atteigne 84 °C. Laissez la crème au citron refroidir à 60 °C. Passez-la au mixeur en ajoutant le beurre petit à petit jusqu'à l'obtention d'une consistance bien lisse. Versez la crème dans le fond de chaque tartelette et réservez au réfrigérateur.

LA MERINGUE ITALIENNE

Dans une casserole, chauffez le sucre et l'eau à 121 °C. Pendant ce temps, montez les blancs d'œufs en neige. Lorsque les œufs commencent à être mousseux, ajoutez petit à petit le sirop en fouettant constamment. Continuez de monter la meringue jusqu'à ce que le mélange refroidisse. Versez la meringue dans une poche à douille et coupez l'extrémité pour avoir un trou de 3 mm de diamètre. Pochez un dôme de meringue sur chaque tartelette. Dorez la meringue à l'aide d'un chalumeau.

LE SUCCÈS
au yuzu

POUR 4 À 6 PERSONNES – PRÉPARATION : 45 MIN – CUISSON : 30 MIN – CONGÉLATION : 2 H

Pour la crème de yuzu
55 g de jus de yuzu (environ 6 yuzus)
22 g de jus de citron (environ 2 citrons)
Les zestes d'1 yuzu
35 g de lait
100 g d'œufs (2 œufs)
55 g de sucre
1/2 feuille de gélatine
1 g de fleur de sel
130 g de beurre

Pour le praliné
60 g d'amandes
60 g de noisettes
80 g de sucre
20 g d'eau
1/2 gousse vanille
10 ml d'huile de noisettes

Pour la crème pralinée
60 g de praliné
250 g de beurre pommade
40 g de lait frais entier
40 g de crème entière
20 g de sucre
2 jaunes d'œufs
Les graines d'1/2 gousse de vanille

Pour le biscuit dacquoise
35 g de farine
3 blancs d'œufs
70 g de poudre d'amandes
70 g + 10 g de sucre glace
30 g de sucre en poudre

Pour le montage
150 g de nappage neutre
Colorant jaune
20 g de pâte à sucre blanche
5 g de pâte à sucre jaune
5 g de sucre glace

LA CRÈME DE YUZU

Portez à ébullition le lait, le jus des yuzus, le jus des citrons et les zestes du yuzu. Battez les œufs et le sucre. Versez 1/3 du liquide chaud sur le mélange œufs-sucre. Remettez le tout dans la casserole et portez à ébullition. Hors du feu, ajoutez la gélatine, préalablement trempée dans de l'eau froide puis essorée, et la fleur de sel. Mélangez. Portez le mélange à 50 °C. Incorporez le beurre en petits morceaux tout en remuant, jusqu'à incorporation complète. Réservez un peu de crème de yuzu obtenue et dressez des petites demi-sphères avec le reste du mélange. Réservez au congélateur.

LE PRALINÉ

Torréfiez les amandes et les noisettes pendant 20 minutes à 165 °C. Réservez les amandes et enlevez la peau des noisettes. Dans une casserole, réalisez un sirop avec l'eau, le sucre et les graines de vanille. Montez-le à 121 °C. Ajoutez-y les fruits secs. Hors du feu, remuez à la spatule jusqu'à ce que le sucre cristallise et que le mélange sable. Remettez le tout sur feu moyen, continuez de remuer jusqu'à l'obtention d'un caramel ambré. Versez le mélange sur une feuille de papier cuisson. Laissez durcir. Cassez la masse froide en petits morceaux et réservez quelques morceaux. Broyez le praliné progressivement au robot mixeur. Petit à petit, ajoutez l'huile de noisettes à la poudre obtenue. Réservez.

LA CRÈME PRALINÉE

Portez à ébullition le lait, le praliné, la vanille et la crème. Mélangez les jaunes d'œufs et le sucre, puis versez 1/3 du liquide chaud sur ce mélange. Mélangez bien et remettez le tout dans la casserole. Faites chauffre le mélange à 84 °C. Laissez refroidir à température ambiante. Dans le bol du robot, crémez le beurre Ajoutez progressivement la crème anglaise parfumée. Réservez.

LE BISCUIT DACQUOISE

Préchauffez le four à 180 °C.
Mélangez la poudre d'amandes, le sucre glace et la farine tamisés. Montez les blancs en neige, au bec d'oiseau. Ajoutez le sucre en poudre petit à petit dès que les blancs commencent à mousser. Incorporez délicatement à la maryse les poudres tamisées. Couvrez deux plaques avec du papier de cuisson et utilisez un cercle de pâtisserie pour dessiner un premier arc de cercle. Dessinez un second arc de cercle parallèle au précédent avec un écart de 5 cm. Répétez ces étapes pour dessiner la même forme en espaçant les arcs de cercle de 3 cm. Utilisez une poche à douille munie d'une douille n° 8 et pochez la pâte dacquoise dans les espaces dessinés. Saupoudrez de sucre glace et enfournez pour 15 à 20 minutes en surveillant la cuisson. La dacquoise doit rester moelleuse à cœur. Sortez du four et laissez refroidir.

LE MONTAGE

Chauffez le nappage neutre à environ 35 °C. Ajoutez du colorant jaune. Démoulez la crème yuzu et assemblez les deux demi-cercles pour former une boule. À l'aide de cure-dents, trempez les boules de yuzu dans le nappage neutre jaune. Réservez-les sur une grille. Remplissez une poche à douille munie d'une douille n° 8 avec la crème pralinée et pochez des dômes sur la première couche de dacquoise (la plus grande). Remplissez une autre poche munie d'une douille n° 4 avec la crème yuzu. Pochez 8 petites boules de yuzu entre les dômes de crème pralinée. Saupoudrez la deuxième couche de dacquoise avec du sucre glace et placez-la au-dessus du montage. Décorez avec les boules de yuzu, les dômes de crème pralinée et des morceaux de praliné. Étalez la pâte à sucre et créez des fleurs.

TARTELETTES
à la crème brûlée

POUR 6 TARTELETTES – PRÉPARATION : 45 MIN – CUISSON : 1 H 15 – RÉFRIGÉRATION : 6 H 30

Pour la pâte brisée
200 g de farine
70 g de beurre froid et en cubes
1 g de sel
70 g de sucre glace
50 g d'œuf

Pour la crème brûlée
250 ml de lait
250 ml de crème liquide
70 g de sucre
90 g de jaunes d'œufs (5 jaunes)
2 gousses de vanille

Pour le dressage
Cassonade

LA PÂTE BRISÉE

Préchauffez le four à 100 °C.
Mélangez la farine et le sel. Ajoutez le beurre froid et sablez en frottant le tout entre vos mains sans écraser. Ajoutez le sucre glace et l'œuf. Mélangez à la maryse pour obtenir une consistance homogène.
Applatissez la pâte, filmez-la et laissez-la reposer au réfrigérateur au minimum 2 heures. Étalez la pâte entre 2 feuilles de papier cuisson, environ 2 à 3 mm d'épaisseur. Taillez des disques de pâte légèrement plus grands que le diamètre des moules à tartelette. Chemisez les moules. Piquez le fond avec une fourchette et mettez au réfrigérateur pendant 30 minutes. Enfournez les fonds de tarte pour 30 minutes jusqu'à ce qu'ils soient bien dorés. Laissez refroidir.

LA CRÈME BRÛLÉE

Dans une casserole, versez le lait et la crème, ajoutez-y les graines et les gousses de vanille. Portez le tout à ébullition. Arrêtez le feu et laissez infuser 15 minutes puis filtrez le lait vanillé. Fouettez les jaunes d'œufs et le sucre, puis incorporez le lait vanillé. Mélangez bien et versez sur les fonds de tarte. Enfournez pour 1 heure. En fin de cuisson, la crème doit être un peu frémissante. Une fois refroidies, mettez les tartelettes au moins 4 heures au réfrigérateur pour que la crème se raffermisse.

LE DRESSAGE

Au moment de servir, saupoudrez de cassonade les crèmes et caramélisez avec un petit chalumeau de cuisine.

BABA aux fraises

POUR 4 À 6 BABAS - PRÉPARATION : 40 MIN - CUISSON : 40 MIN - REPOS : 1 H

Pour la pâte à baba
100 g de beurre pommade
220 g de farine
7 g de levure boulangère
50 g de sucre en poudre
3 g de sel
2 œufs
70 ml de lait

Pour le nappage fraise
200 g de fraises
80 g de sucre en poudre
80 ml d'eau
2 g d'agar-agar

Pour le sirop de fraise
300 g de fraises
150 ml de liqueur de fraise des bois
225 ml d'eau
1 c. à c. de poudre de vanille
200 g de sucre

Pour la soupe aux fraises et à la verveine
500 g de fraises
80 g de sucre glace
Le jus d'1 citron vert
200 ml d'eau
100 ml de liqueur de verveine

Pour la chantilly
200 g de crème
35 g de sucre glace
1 c. à c. de poudre de vanille

Pour le dressage
Des fleurs comestibles
400 g de framboises ou de mûres
300 g de myrtilles
Quelques feuilles de menthe
1 feuille d'or

LA PÂTE À BABA

Dans un robot, mélangez la farine, la levure, le sel et le sucre. Fouettez légèrement les œufs avec le lait. Ajoutez les 2/3 au mélange dans le robot. Pétrissez légèrement sans donner de corps, ajoutez le reste puis pétrissez à nouveau pour obtenir une pâte lisse et brillante. Ajoutez le beurre pommade. Pétrissez jusqu'à ce que la préparation soit soyeuse et élastique. Filmez et laissez pousser à environ 28 °C pendant 30 minutes. Dégazez la pâte. Beurrez les moules et remplissez-les aux 2/3 de pâte avec une poche à douille. Laissez pousser une deuxième fois pendant 30 minutes et enfournez dans le four préchauffé à 180 °C pour 20 minutes environ en surveillant la cuisson. Démoulez les babas et séchez-les au four préchauffé à 150 °C pendant 10 minutes. Laissez refroidir.

LE NAPPAGE FRAISE

Mixez les fraises et passez la pulpe au tamis. Dans une casserole, faites bouillir l'eau et le sucre. Ajoutez l'agar-agar et mélangez bien pendant quelques minutes. Laissez le mélange refroidir un petit peu et ajoutez les fraises au fouet. Mettez de côté.

LE SIROP DE FRAISE

Mixez les fraises, la liqueur et l'eau. Passez le mélange au tamis et versez-le dans une casserole. Ajoutez le sucre et la poudre de vanille et portez à ébullition. Laissez refroidir un petit peu. Lorsque les babas sont à température ambiante, trempez-les dans le sirop chaud pendant 2 minutes de chaque côté, puis égouttez-les sur une grille.

LA SOUPE AUX FRAISES ET À LA VERVEINE

Passez tous les ingrédients, sauf la verveine, dans un mixeur puis tamisez. Ajoutez la verveine petit à petit au mélange en veillant à ce que le goût ne soit pas trop prononcé.

LA CHANTILLY

Fouettez la crème en ajoutant petit à petit le sucre glace et la vanille. Une fois épaissie, remplissez une poche à douille munie d'une douille n° 199 et réservez.

LE DRESSAGE

Coupez le fond des babas. Imbibez le dessus de sirop et placez le baba au milieu de l'assiette. Nappez-le de nappage à la fraise. Pochez des petits dômes de chantilly tout autour et disposez de quelques framboises et myrtilles. Versez un petit peu de soupe et décorez avec la feuille d'or, quelques feuilles de menthe et les fleurs.

GLOSSAIRE

BEURRE POMMADE
Beurre à température ambiante travaillé jusqu'à avoir la texture d'une pommade.

BLANCHIR
Travailler vigoureusement au fouet des œufs et du sucre jusqu'à ce que le mélange blanchisse.

CHABLONNER
Couvrir d'une fine couche de chocolat fondu pour empêcher un biscuit de ramollir au contact d'une crème.

CHEMISER
Recouvrir l'intérieur d'un récipient, le plus souvent un moule, de papier cuisson, de film alimentaire, d'une pâte à gâteau de décor ou encore de caramel, avant d'y verser une préparation pour en faciliter le démoulage ou lui donner de la tenue.

CUL-DE-POULE
Récipient hémisphérique à fond arrondi, destiné à faciliter le mélange des ingrédients.

DÉBARRASSER
Mettre de côté, réserver une préparation pour plus tard.

DÉGAZER
Travailler une pâte levée en l'aplatissant, ou en lui donnant un coup de poing, pour chasser le gaz carbonique accumulé lors de la pousse, sous l'effet de la levure. Cette étape est généralement suivie d'un second temps de pousse.

DÉTENDRE
Assouplir une pâte ou un appareil en ajoutant un liquide ou une crème.

ÉMULSIONNER
Fouetter deux liquides ensemble pour les mélanger (ex: de l'huile et de l'eau).

FAIRE POUSSER UNE PÂTE
Permettre à la pâte de se développer grâce au dioxyde de carbone contenu dans la levure. L'association du CO_2 et des molécules de gluten va générer le gonflement.

FEUILLES GUITARE
Fines feuilles de plastique transparent utilisées pour travailler le chocolat auquel elles donnent de la brillance. Elles sont aussi idéales comme transferts ou pour étaler les pâtes à tarte ou à gâteau sans ajouter de farine.

MACARONNER
Travailler la pâte à macarons avec une maryse jusqu'à la rendre lisse et brillante.

MARYSE
Spatule souple en caoutchouc ou en silicone permettant de racler le fond des plats et de lisser les pâtes à gâteaux, à macarons et les crèmes.

POCHE À DOUILLE
Sac conique, dit « poche à pâtisserie », muni d'un embout, appelé « douille », utilisé en pâtisserie pour décorer ou garnir des mets. Les douilles peuvent avoir différentes formes (unie, cannelée, à saint-honoré…) et différents diamètres.

POCHER DE LA CRÈME
Dresser de la crème à l'aide d'une poche à douille (petites boules, rouleaux, vagues…).

PUNCHER
Imbiber un biscuit de sirop à l'aide d'un pinceau pour le rendre moelleux.

TANT-POUR-TANT
Mélange d'ingrédients en quantités égales. Se dit plus spécialement pour la poudre d'amandes et le sucre glace (50 % de chaque) dans la réalisation des crèmes, pâtes et macarons.

TORRÉFIER
Faire chauffer à sec des graines pour les griller légèrement et exhaler leur saveur.

INDEX
des recettes

REMERCIEMENTS

S'il y a bien une chose dont je suis sûre, c'est que je n'aurais jamais pu écrire ce livre sans l'aide de mon époux, Julien. Les mots ne me permettent pas d'exprimer toute ma gratitude pour son soutien constant et ses encouragements tout au long de cette aventure. Non seulement il m'a aidée à surmonter les moments de stress mais il a aussi passé de nombreuses heures à traduire mes recettes, emails et messages. Je n'y serais pas arrivée sans lui et, pour cela, je lui en suis éternellement reconnaissante.

Un grand merci à ma famille et à mes amis. Bien qu'ils vivent de l'autre côté de la planète, ils ont toujours été à mes côtés à chaque étape de cette aventure. Je voudrais aussi en profiter pour remercier mes beaux-parents et amis en France pour leurs encouragements et leur soutien.

Je remercie tout particulièrement les autres candidats du *Meilleur Pâtissier* qui ont rendu cette aventure si divertissante. Je suis chanceuse d'avoir pu passer ces quelques semaines de ma vie en leur compagnie. Ils font partie des personnes les plus gentilles, drôles et folles que j'ai rencontrées en France.

Je souhaite remercier tout spécialement Cyril et Mercotte. J'ai tellement appris à leur côté et je ne les remercierai jamais assez pour leur sagesse et leurs conseils. Je tiens également à remercier Faustine pour sa gentillesse et sa bonne humeur tout au long du tournage de l'émission.

Un grand merci à Marie de M6 Édition, qui a passé un nombre d'heures incalculables pour rendre ce livre exceptionnel, ainsi qu'à Aline et Marie pour les magnifiques photos qui le composent. Je suis tellement contente du résultat.

Pour finir, je remercie toutes les personnes qui ont été impliquées dans la réalisation de l'émission du *Meilleur Pâtissier*. Sans elles, rien de tout cela n'aurait été possible.

Chelsea

M6 Éditions remercie également Faustine Bollaert, Mercotte, Cyril Lignac, Matthieu Bayle, William Lebugle, Alexandra Lucas, Marie Willem, Géry Leymergie, Matthieu Jean-Toscani, Hélène Navarro, Valérie Calazel, Stéphanie Reaubourg, Élodie Serurrier Duceau, Vincent Ferant et toutes leurs équipes.

La styliste remercie Farrow & Ball pour les peintures rose Calamine et bleue Oval Room blue (www.eu.farrow-ball.com).

PHOTOGRAPHIES ET STYLISME

© MARIE ETCHEGOYEN : PP. 2, 3, 4, 7, 18, 40, 41, 46, 47, 48, 68, 76, 77, 79, 80, 84, 88, 90, 91, 98, 99, 102, 112, 116, 117, 118, 120, 121, 125, 126.

© ALINE CARON : PP. 10, 15, 16, 19, 20, 21, 22, 25, 26, 27, 28, 30, 31, 34, 35, 36, 51, 53, 54, 55, 56, 57, 61, 62, 63, 64, 67, 71, 73, 92, 105, 106, 107, 111, 115, 123, Couverture et dernière de couverture.

© CHELSEA : PP. 13, 32, 39, 42, 45, 58, 83, 95, 96, 101, 108

DIRECTION ARTISTIQUE ET CRÉATION GRAPHIQUE

LAURIANE TIBERGHIEN

89, avenue Charles de Gaulle - 92575 Neuilly-sur-Seine cedex.

Dépôt légal : décembre 2016
Achevé d'imprimer en Italie en novembre 2016

ISBN : 978-2-35985-171-7

REMERCIEMENTS

S'il y a bien une chose dont je suis sûre, c'est que je n'aurais jamais pu écrire ce livre sans l'aide de mon époux, Julien. Les mots ne me permettent pas d'exprimer toute ma gratitude pour son soutien constant et ses encouragements tout au long de cette aventure. Non seulement il m'a aidée à surmonter les moments de stress mais il a aussi passé de nombreuses heures à traduire mes recettes, emails et messages. Je n'y serais pas arrivée sans lui et, pour cela, je lui en suis éternellement reconnaissante.

Un grand merci à ma famille et à mes amis. Bien qu'ils vivent de l'autre côté de la planète, ils ont toujours été à mes côtés à chaque étape de cette aventure. Je voudrais aussi en profiter pour remercier mes beaux-parents et amis en France pour leurs encouragements et leur soutien.

Je remercie tout particulièrement les autres candidats du *Meilleur Pâtissier* qui ont rendu cette aventure si divertissante. Je suis chanceuse d'avoir pu passer ces quelques semaines de ma vie en leur compagnie. Ils font partie des personnes les plus gentilles, drôles et folles que j'ai rencontrées en France.

Je souhaite remercier tout spécialement Cyril et Mercotte. J'ai tellement appris à leur côté et je ne les remercierai jamais assez pour leur sagesse et leurs conseils. Je tiens également à remercier Faustine pour sa gentillesse et sa bonne humeur tout au long du tournage de l'émission.

Un grand merci à Marie de M6 Édition, qui a passé un nombre d'heures incalculables pour rendre ce livre exceptionnel, ainsi qu'à Aline et Marie pour les magnifiques photos qui le composent. Je suis tellement contente du résultat.

Pour finir, je remercie toutes les personnes qui ont été impliquées dans la réalisation de l'émission du *Meilleur Pâtissier*. Sans elles, rien de tout cela n'aurait été possible.

Chelsea

M6 Éditions remercie également Faustine Bollaert, Mercotte, Cyril Lignac, Matthieu Bayle, William Lebugle, Alexandra Lucas, Marie Willem, Géry Leymergie, Matthieu Jean-Toscani, Hélène Navarro, Valérie Calazel, Stéphanie Reaubourg, Élodie Serurrier Duceau, Vincent Ferant et toutes leurs équipes.

La styliste remercie Farrow & Ball pour les peintures rose Calamine et bleue Oval Room blue (www.eu.farrow-ball.com).

PHOTOGRAPHIES ET STYLISME
© MARIE ETCHEGOYEN : PP. 2, 3, 4, 7, 18, 40, 41, 46, 47, 48, 68, 76, 77, 79, 80, 84, 88, 90, 91, 98, 99, 102, 112, 116, 117, 118, 120, 121, 125, 126.

© ALINE CARON : PP. 10, 15, 16, 19, 20, 21, 22, 25, 26, 27, 28, 30, 31, 34, 35, 36, 51, 53, 54, 55, 56, 57, 61, 62, 63, 64, 67, 71, 73, 92, 105, 106, 107, 111, 115, 123,
Couverture et dernière de couverture.

© CHELSEA : PP. 13, 32, 39, 42, 45, 58, 83, 95, 96, 101, 108

DIRECTION ARTISTIQUE ET CRÉATION GRAPHIQUE
LAURIANE TIBERGHIEN

89, avenue Charles de Gaulle - 92575 Neuilly-sur-Seine cedex.

Dépôt légal : décembre 2016
Achevé d'imprimer en Italie en novembre 2016

ISBN : 978-2-35985-171-7